MOTTO SUGOSUGIRU TENKI NO ZUKAN
SORA NO FUSHIGI GA SUBETE WAKARU!
ⓒ Kentaro Araki 2022
First published in Japan in 2022 by KADOKAWA CORPORATION, Tokyo.
Korean translation rights arranged with KADOKAWA CORPORATION, Tokyo
through Danny Hong Agency.
Korean translation copyright ⓒ 2023 by SEOSAWON co., Ltd.

이 책의 한국어판 저작권은 대니홍 에이전시를 통한 저작권사와의 독점 계약으로 서사원 주식회사에 있습니다. 저작권법에 의해 한국 내에서 보호를 받는 저작물이므로 무단전재와 복제를 금합니다.

아하! 그렇구나 - 초등 교양 지식 04

더욱! 신비롭고 재미있는 날씨 도감

초록색 태양이 있다고?

더 높은 하늘로!

눈에도 냄새가 있을까?

일본 아마존 어린이 지구과학 분야 베스트셀러 1위

아라키 켄타로 지음 · 오나영 옮김 · 허창회 감수

무지개 색 구름이 나타났다!

얼음에서 소리가 난다니!

서사원주니어

시작하는 말

'구름은 왜 뭉게구름 모양일까?' '하늘에 뜬 무지개를 찾아보고 싶어' '눈에도 냄새가 있을까?' 매일 무심히 보곤 하지만, 생각해 보면 하늘은 신비로움으로 가득합니다.

전작 《신비롭고 재미있는 날씨 도감》(이 책에서는 《날씨 도감 1》로 부를게요)에서는 구름과 하늘, 날씨에 관해 여러분이 많이 궁금해하는 것을 설명했어요. 이 책에서는 "와, 대단해!"라고 감탄할 만한 날씨 이야기, 알수록 날씨가 좋아지는 하늘 관찰법 같은 것을 담았어요. 《날씨 도감 1》에서 자세히 설명한 것은 참고할 수 있게 페이지를 적어 놓았으니 함께 읽으면 더욱 쉽게 이해할 수 있을 거예요. 하늘을 알면 날씨를 이해할 수 있고, 날씨를 이해하면 미리 우산을 준비해 비를 피할 수 있을 뿐만 아니라 아름다운 풍경과 만날 수도 있고, 쉽게 볼 수 없는 구름을 놓치지 않고 관찰할 수도 있답니다. 이 책을 읽는 모든 분이 구름과 하늘을 더욱 흥미롭게 바라보고, 생활 속에서 날씨를 더욱 친근하게 느낄 수 있기를 기대합니다.

 ⚠️

하늘과 구름, 무지개를 관찰할 때 태양을 맨눈으로 바라보면 매우 위험해요! 자칫하면 눈을 다칠 수도 있거든요. 선글라스를 쓰면 되지 않냐고요? 관측용이 아닌 일반 선글라스를 쓰면 자외선을 차단하지 못한답니다. 반드시 그늘진 곳에서 하늘을 올려다보고, 사물이나 건물로 태양을 가리면서 안전하게 관찰하세요.

캐릭터 소개

이 책에서는 기상에 관련된 귀여운 캐릭터들이 함께합니다!

파셀 군
공기 덩어리(air parcel). 수증기를 많이 마시면 구름을 만든다. 하늘을 오르락내리락하며 날씨를 변화시킨다. 때로는 강한 힘으로 몸을 움직여 바람을 일으킨다.

적란운
즐거운(상승) 기분과 우울한(하향) 기분을 모두 가진 인간적인 구름. 갑작스러운 날씨 변화를 일으킬 수 있다. 날씨가 흐려지기 전에 사인을 보낸다.

채운
옛날부터 좋은 일이 일어날 전조로 여겨지지만, 비교적 자주 만날 수 있는 구름.

곤충
하늘을 나는 것처럼 보이지만, 사실 바람에 실려 다니는 것이다.

서멀 군
상승 온난기류(thermal). 맑은 날에 지표면이 뜨거워지면서 발생한다. 적운을 만든다.

고기압과 저기압
일기예보의 주연 배우. 그들을 만드는 공기에 따라 성격이 달라진다.

지구와 태양
태양 에너지가 지구의 날씨를 좌우한다.

하늘의 입자들

 수증기

 온실가스

 공기 중의 먼지 (에어로졸)

 구름 입자

 비 입자

 얼음 결정(빙정)

 눈 결정

 싸라기

다음 쪽부터 몇 개의 수증기(분홍색과 하늘색)와 온실가스(녹색)가 등장하는지 세어 보세요!
(정답은 167쪽에 있습니다.)

목차

시작하는 말 ··· 4
캐릭터 소개 ··· 5

CHAPTER 1 대단한 구름 이야기

- **01** 구름 속은 무엇으로 이루어져 있을까? ··· 12
- **02** 구름을 세는 방법은 구름 모양에 따라 다르다 ··· 14
- **03** 손가락 하나로 구별하는 물고기구름과 양떼구름 `관찰하기` ··· 16
- **04** 구름이 뭉게뭉게 피어오르는 이유 `관찰하기` ··· 18
- **05** 구름을 보면 비가 내릴지 안 내릴지 알 수 있다 `관찰하기` ··· 20
- **06** 적란운 아래쪽에 비 기둥이 보이면 주의! ··· 22
- **07** 사람의 가족사를 보듯 세대 교체하는 적란운 ··· 24
- **08** 〈천공의 성 라퓨타〉 속 '용의 소용돌이'의 정체 ··· 26
- **09** 컵으로 이해하는 구름의 원리 `관찰하기` ··· 28
- **10** 페트병으로 쉽게 만들 수 있는 구름 `실험하기` ··· 30
- **11** 아이스크림으로도 구름을 만들 수 있다 `실험하기` ··· 32
- **12** 비가 내리면 서늘해지는 이유는? ··· 34
- **13** 도시 불빛으로 환상적인 색을 띠는 밤 구름 `관찰하기` ··· 36
- **14** 적란운이 발달하기 쉬운 요일이 있다고? ··· 38
- **COLUMN 1** 기상청은 어떤 곳인가요? ··· 40

CHAPTER 2 대단한 하늘 이야기

- 15 세상에서 가장 쉬운 채운 찾기 관찰하기 ··· 42
- 16 하늘에서 무지개 색을 발견하는 방법 관찰하기 ··· 44
- 17 쌍무지개 사이의 어두운 하늘에는 이름이 있다 관찰하기 ··· 48
- 18 쌍무지개 말고도 3중, 4중 무지개도 있다 관찰하기 ··· 50
- 19 신비로운 쌍둥이 무지개와 끊어진 무지개 실험하기 ··· 52
- 20 쉽게 만날 수 있는 하늘의 무지개 색 광환 실험하기 ··· 54
- 21 북유럽에서는 블루모멘트가 몇 시간이나 지속된다! ··· 56
- 22 밤하늘에 떠 있는 마법 같은 빛기둥! 관찰하기 ··· 58
- 23 초록빛으로 빛나는 태양! 그린플래시의 원리 ··· 60
- 24 안개, 연무, 박무는 비슷해 보이지만 모두 다른 현상 ··· 62
- 25 모래바람 때문에 하늘이 온통 노란색으로 물든다! ··· 64
- 26 달 표면에도 지명이 있다 관찰하기 ··· 66
- 27 지구에서 반사한 빛이 달을 비추는 지구광의 매력 관찰하기 ··· 68
- 28 지구의 하늘이 개기 월식 중인 달을 붉게 만든다 관찰하기 ··· 70
- 29 화성의 석양은 푸른색이다 ··· 72
- COLUMN 2 국립기상과학원은 어떤 곳인가요? ··· 74

CHAPTER 3 대단한 **기상** 이야기

- 30 욕실에서 쉽게 이해하는 비구름의 원리 `실험하기` … 76
- 31 주먹만 한 빗방울은 왜 떨어지지 않는 걸까? … 78
- 32 눈 결정이 육각형인 과학적인 이유 `관찰하기` … 80
- 33 빨간색, 파란색, 초록색 다양한 색의 눈 `관찰하기` … 82
- 34 공기가 없다면 지구의 온도는 영하 18℃! … 84
- 35 물은 모습을 바꾸며 지구를 여행 중이다 … 86
- 36 일기예보의 주연은 저기압과 고기압 … 88
- 37 저기압의 소용돌이 방향은 지구 자전에 의해 결정된다 … 90
- 38 제트기류를 타면 비행기는 더욱 빠르게 난다 … 92
- 39 하늘에서 물고기가 떨어진다고?! … 94
- 40 천둥이 우르릉거리며 소리를 내는 비밀 … 96
- 41 낙뢰 한 번에 일반 가정 6개월 치 전기량 … 98
- 42 아득히 높은 하늘에서 번쩍! 붉은색, 푸른색 번개가 있다? … 100
- 43 꼭 알아야 할 이상 기후의 의미 … 102
- 44 먼 나라에서 발생한 화산 폭발이 그 해 농사를 망친다 … 104
- **COLUMN 3** 머리카락으로 습도를 알 수 있다 … 106

CHAPTER 4 대단한 계절 이야기

- 45 태양 에너지에 의해 사계절이 결정된다 … 108
- 46 가을 하늘이 높다고? 사실은 봄과 같은 높이 … 110
- 47 장마는 두 개의 기단이 만나 힘겨루기할 때 생긴다 … 112
- 48 북태평양 고기압이 여름을 덥게 한다 … 114
- 49 태풍이 직격하면 소금 바람이 분다고? … 116
- 50 태풍 때문에 기온이 훌쩍 높아지는 때가 있다 … 118
- 51 겨울 날씨는 산을 경계로 180° 달라진다 … 120
- 52 차가운 겨울 코에 스미는 눈 냄새의 정체 관찰하기 … 122
- 53 겨울 아침의 마법! 서리의 결정을 관찰하자 관찰하기 … 124
- 54 영하 50℃ 이하가 되면 들리는 별의 속삭임 … 128
- 55 엘니뇨, 라니냐 현상이 기후에 미치는 영향 … 130

CHAPTER 5 대단한 **날씨** 이야기

- **56** 철저히 검증하자! 날씨와 관련한 소문들 … 134
- **57** 누구나 간단히 읽을 수 있는 일기도 실험하기 … 138
- **58** 날씨를 세밀하게 나누면 100종류! 일기도 읽어보기 실험하기 … 140
- **59** 처음부터 알아보는 일기예보 작성법 … 144
- **60** 일기예보가 틀리는 원인은 카오스 때문 … 146
- **61** 곤충 관찰을 통해 급변하는 날씨를 예측할 수 있다? … 148
- **62** 기상 레이더와 기상 위성, 호우를 연구하는 최전선! … 150
- **63** 2100년 한반도의 최고 기온은 40℃?! … 152
- **64** 뇌우가 내릴 때 절대 나무 아래로 피하면 안 된다! … 154
- **65** 태풍이 접근할 때 '어디서' '무엇이' 위험할까? … 156
- **66** 여름철 가장 무서운 열사병 … 158
- **67** 재해에 대해 알아보고 미리 대비하자 … 160

맺는말 … 162
찾아보기 … 163
퀴즈 정답 … 167

대단한 구름 이야기

CHAPTER 1

구름 덕분에 하늘은 더욱 흥미롭고
아름다워집니다.
구름은 날씨를 결정하고
우리 생활과 밀접한 관계가 있어요.
우리가 가장 쉽게 만날 수 있는
자연인 구름의 매력을 탐험해 볼까요?

CHAPTER 1 01

구름 속은 무엇으로 이루어져 있을까?

    구름 위를 걷는 상상을 해 본 적 있나요? **구름**은 눈에 보이지 않을 만큼 작은 물과 얼음 입자가 무수히 많이 모여 있는 상태예요. 그래서 구름 위를 걸으려고 하면 안타깝게도 발 디딜 곳이 없어 몸이 구름을 통과하게 됩니다. 그러면 구름 속은 어떻게 만들어져 있을까요?

    구름 속은 새하얀 세계예요. 구름이 하얗게 보이는 이유는 구름 입자에 부딪친 태양 빛이 사방으로 흩어지기 때문인데(**미(mie)산란**,《날씨 도감 1》p.26) 구름 속에서는 흰색 빛에 둘러싸여 주위가 보이지 않아요.

비행기를 타고 새하얀 구름 속으로!

높은 하늘의 얼음 구름 속에서 만난 **햇무리**와 **아크**(p.44).

12

안개가 걷히는 순간에 만날 수 있는 **흰무지개** (《날씨 도감 1》 p.66).

산과 비행기에서는 자신과 비행기의 그림자 주위로 흰무지개가 만들어지는 **브로켄현상**을 볼 수 있어요(p.44).

    뇌운(적란운)처럼 키가 큰 구름이라면 빛이 아래쪽까지 도달하지 못해 구름 속은 어두운 회색으로 보여요.

    비행기를 타면 쉽게 구름 속 세상을 체험할 수 있습니다. 높은 하늘의 얇은 구름(권층운) 속으로 들어가면, **햇무리(헤일로, halo)**와 **아크(호)**라는 무지개 색의 빛이 선명하게 보여요(p.44). 등산할 때 산에 걸린 구름 속으로 들어가거나 평지에서 지면에 접해 있는 구름이라고 할 수 있는 **안개**(p.62) 속으로 들어가면 구름 속을 체험할 수 있어요. 비가 갠 다음 날 아침에는 안개가 발생하기 쉬우니 꼭 안개 속으로 들어가 구름을 느껴 보세요.

> **깨알 지식** 구름 속은 습도가 100%라서 매우 습해요. 진한 구름(안개) 속이라면 1㎤당 100~1,000개의 구름 입자가 들어 있어요. 구름과 안개 속은 흥미롭지만 오래 머물면 옷과 머리가 젖어 감기에 걸리기 쉬우니 주의하세요.

구름을 세는 방법은 구름 모양에 따라 다르다

구름은 어떤 단위를 사용해서 셀까요? **구름을 세는 방법**은 구름 모양에 따라 달라져요. 구름은 크게 10종류로 나뉘는데 이를 **10종운형**이라고 불러요. 그 중 가늘고 작은 구름은 '조각(구름 한 조각)'이나 '장(구름 한 장)'으로, 물고기구름(권적운)처럼 점으로 보이는 구름은 '점(구름 한 점)'으로 센답니다. 뭉게구름(적운)과 흐린구름(층적운) 같은 덩어리 모양의 구름은 '덩어리(구름 한 덩어리)', 혹은 '무리(구름 한 무리)'로 세요. 여기서 무리는 꽃 한 다발과 같은 의미입니다.

발달한 봉우리구름(웅대적운)은 높은 산봉우리를 셀 때와 같이 '좌(구름 한 좌)'라고 하고, 길게 뻗은 털구름(권운)은 '줄기(구름 한 줄기)' '가닥(구름 한 가닥)' 등으로 세고, 물길처럼 흘러가는 띠 모양의 구름은 '폭(구름 한 폭)', 비행운은 '줄(구름 한 줄)', 아주 작은 구름은 '말(구름 일 말)' 양떼구름(고적운)처럼 무리를 지어 뭉쳐 있는 구름은 '덩이(구름 한 덩이)' '무리(구름 한 무리)', 하늘 전체를 덮는 모양의 구름은 '면(구름 일 면)'이라는 단위로 셉니다.

구름은 그 모양과 성격에 따라 이름도 세는 방법도 달라져요. 하늘에 떠 있는 구름의 종류를 구별하고(《날씨 도감 1》 p.18) 구름의 수를 세어 보세요.

> **깨알 지식** 구름을 뜻하는 한자 '운雲(雨(우)+云(운))'은 구름이 움직이는 모양을 형상화한 것이라는 이야기가 있어요. 일본의 한 학자는 용의 꼬리가 움직이면서 구름 아래로 내비친 모양을 본뜬 글자라는 학설을 주장하고 있답니다.

구름 한 조각, 구름 한 장

사라지기 직전의 뭉게구름(적운).

구름 한 좌

산처럼 커다란 봉우리구름(웅대적운).

구름 한 점

물고기구름(권적운) 점점들.

구름 한 줄기, 구름 한 가닥

털구름(권운) 가닥들.

구름 한 덩어리, 구름 한 무리

뭉게구름 무리들.

구름 한 덩이, 구름 한 무리

무리를 이루고 있는 양떼구름(고적운).

CHAPTER 1
03
손가락 하나로 구별하는 물고기구름과 양떼구름

높은 하늘에 무리 지어 떠다니는 구름. 가을 하늘을 연상시키는 이 구름들은 물고기구름, 비늘구름, 고등어구름으로 불리는 **권적운**이거나, 양떼구름, 얼룩구름, 높쌘구름이라 불리는 **고적운**입니다. 구름의 모양이 비슷해 보이지만 **검지 하나로 이름을 구별할 수 있답니다.**

먼저 주먹을 쥐고 시선 높이로 팔을 쭉 편 다음 그대로 하늘을 향해 팔을 들어 올립니다. 그리고 검지를 펴서 구름을 향하게 합니다. 이때 구름 하나하나의 크기가 손가락 하나의 두께보다 작다면 권적운, 손가락 1~3개의 두께와 비슷하다면 고적운입니다.

언뜻 보기에 이 구름들은 비슷한 크기로 보이지만 권적운은 구름이 발생하

물고기 떼나 물고기의 비늘처럼 보이는 **권적운**.

양 떼처럼 보이는 **고적운**.

16

> **관찰하기**

먼저 눈높이에서 팔을 일자로 뻗고 주먹(엄지가 위로 오도록)을 눈높이에 맞춥니다. 여기에 다른 한 손의 주먹을 위로 얹어요. 총 3번 주먹을 쌓습니다. 이제 그 높이에서 하늘을 향해 손가락을 쭉 편 채로 구름을 보세요.

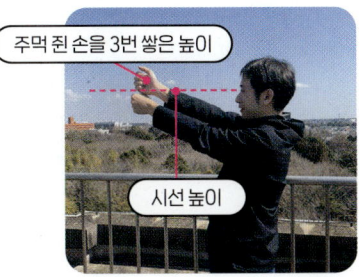

검지 하나로 알 수 있는 구름의 이름

는 대기층의 높은 하늘(**대류권 상부**)에 나타나는 상층운이고, 고적운은 대류권의 가운데쯤에 형성되는 중층운입니다. 그래서 지상에서 더 멀리 있는 권적운의 구름 하나하나가 더 작게 보이는 것입니다. 또한, 낮은 하늘에서 볼 수 있는 하층운인 흐린구름(층적운)은 손가락 5~10개 정도의 두께가 됩니다.

이 방법을 이용하면 누구나 쉽게 구름의 종류를 구별할 수 있겠죠? 이제 비슷한 모양의 구름의 이름을 알고 싶을 때는 하늘을 향해 손을 뻗어 보세요.

> **깨알 지식**
> 물고기구름과 양떼구름은 전선과 저기압이 서쪽에서 다가올 때 볼 수 있어요. 높은 하늘에서부터 공기의 습도가 점점 높아지기 때문인데, 일기예보에서 '서쪽 지역부터 날씨가 흐려질 예정'이라고 한다면 이 구름들을 만날 기회랍니다.

구름이 뭉게뭉게
피어오르는 이유

푸른 하늘에 뭉게뭉게 피어오르는 하얀 구름은 **적운**(뭉게구름)이에요. 적운이 뭉게뭉게 피어오르듯 생겨나는 데는 이유가 있답니다.

맑은 날 내리쬐는 태양 빛에 지표면이 데워지면 지표면에 가까운 하늘에서는 위로 향하는 **상승기류**와 아래로 향하는 **하강기류**가 가까이 붙어서 **열대류** 현상이 발생합니다. 뜨거운 된장국에서도 비슷한 움직임을 확인할 수 있는데, 그 모양이 마치 세포(cell)처럼 보여서 **셀 상대류**라고 부르기도 해요. 열대류인 상승기류(**서멀**, 열기포)로 끌어올려진 지면 부근의 공기가 적운을 발생시키는 원인입니다. 그리고 상승기류가 구름 속을 통과하면서 공기를 불안정하게 만들기 때문에 적운은 뭉게뭉게 피어오르는 모습을 띠게 되는 거예요. 또 상대적으로 상승기류가 매우 약한 층운과 고층운, 권층운에서는 뭉게구름 같은 모양은 나타나지 않아요.

따라서 '뭉게뭉게 피어오르는 구름이 있는 하늘에는 상승기류가 있다'고 해석할 수 있어요. 적운은 수 분에서 10분 정도 만에 사라져 버리기 때문에 적운이 있던 위치를 계속 바라보고 있으면 그다음 적운이 발생하는 순간을 목격할 수도 있답니다.

> **깨알지식** 뭉게뭉게 피어오르는 적운은 상승기류를 알아보는 기준이 되기 때문에 글라이더와 같은 엔진이 없는 항공기에서는 적운을 표식으로 삼고 하늘을 날고 있어요. 구름 없는 맑은 하늘에 나타나는 열대류인 상승기류는 블루 서멀이라고 합니다.

뭉게뭉게 피어오르는 구름, 적운.

적운이 뭉게뭉게 피어오르는 원리

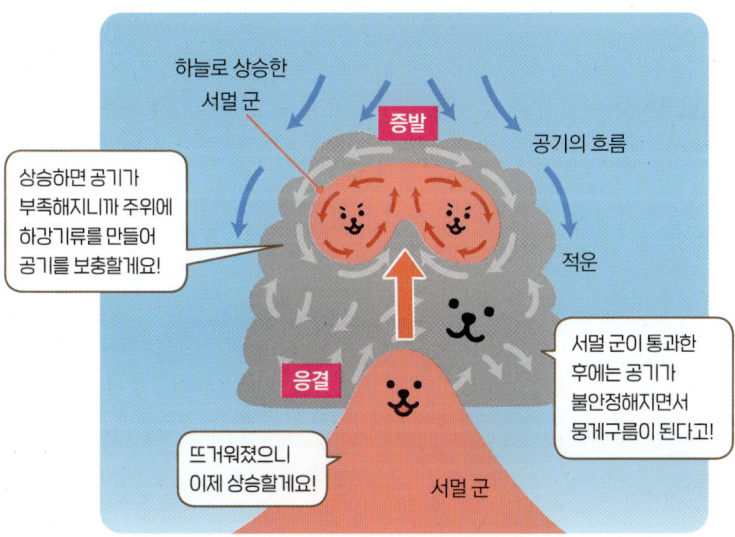

- 하늘로 상승한 서멀 군
- 증발
- 공기의 흐름
- 상승하면 공기가 부족해지니까 주위에 하강기류를 만들어 공기를 보충할게요!
- 적운
- 서멀 군이 통과한 후에는 공기가 불안정해지면서 뭉게구름이 된다고!
- 응결
- 뜨거워졌으니 이제 상승할게요!
- 서멀 군

관찰하기

그릇에 담긴 된장국에서도 열대류 현상을 볼 수 있어요. 프라이팬에 수 cm의 얕은 깊이로 된장국을 담고 약불로 데우면 쉽게 관찰할 수 있답니다.

해상에 나타난 층적운의 기상 위성 화면. 마치 세포처럼 구름이 배열돼 있어 셀 상대류를 이해하기 쉬워요. 옆의 된장국 사진과 비슷하죠?

CHAPTER 1 05
구름을 보면 비가 내릴지 안 내릴지 알 수 있다

여름 날씨는 급변하기 일쑤지만 구름이 뭉게뭉게 피어오르는 정도에 따라 비가 내릴지, 내리지 않을지 알 수 있어요.

먼저 하늘에 나타나는 뭉게구름은 **적운**입니다. 적운의 상부가 평평한 모양 **(편평적운)**이면 구름이 성장하기 어려운 대기가 **안정된 상태**이기 때문에 맑은 날씨가 이어집니다. 반면 구름이 성장하기 쉬운 대기가 **불안정한 상태**에서는, 적운의 위쪽에 활발하게 움직이는 **병적운**이 나타나고 이 구름이 성장하면 **봉**

관찰하기
구름 상부의 안정된 공기층이 뚜껑처럼 구름이 커지는 걸 막고 있어요.

상부가 평평한 **편평적운**

뭉게뭉게 피어오르는 **병적운**
이 단계에서는 비가 내리지 않아요.

발달한 봉우리구름(웅대적운)

이 구름의 아래에서 비가 내리기 시작해요. 웅대적운 위쪽에 머리카락 같은 실줄기 구조가 나타나거나 번개를 동반하면 적란운으로 분류해요.

모루구름을 동반하는 적란운

구름이 발달할 수 있는 한계 높이는 대기가 불안정한 정도에 따라 정해져요. 매우 불안정한 상태일 때는 수 km 고도의 대류권계면까지 이르기도 합니다.
이렇게 형성된 구름은 제련할 때 철을 올려놓고 두드리는 받침인 '모루'와 닮았다 하여 모루구름이라 부르고(《날씨 도감 1》 p.39), 이 구름 아래쪽에서는 천둥 번개를 동반한 비가 내려요. 겨울에는 동해 쪽에서 적란운에서 천둥 번개와 함께 눈이 내립니다(p.120~121).

우리구름이라 불리는 **웅대적운**이 됩니다.

　웅대적운의 아래쪽에서는 장대비가 퍼붓는데 구름이 더욱 발달하면 천둥 번개를 동반한 **적란운**이 됩니다. 구름이 발달할 수 있는 한계 높이까지 성장한 적란운의 위쪽에는 **모루구름**이라 불리는 옆으로 퍼지는 형태의 구름이 만들어져요. 이때 구름의 아래쪽에서는 억수 같은 뇌우가 나타납니다.

　구름을 보고 날씨 변화를 예상하는 것을 **관천망기**라고 불러요(p.134). 특히 여름 하늘에 뭉게뭉게 피어오르는 구름은 날씨가 급변할 징조입니다. 이럴 때는 비가 내리기 전에 서둘러 귀가하는 게 좋겠죠?

> **깨알 지식**
> 봉우리구름과 적란운은 여름에 관측되는 구름이라는 인식이 강하지만, 높은 하늘에 강한 한기가 유입되면 대기가 불안정해지기 때문에 울릉도 같은 지역에서는 겨울에도 이러한 구름을 관찰할 수 있어요. 겨울의 적란운은 여름에 비해 키가 작지만 뭉게뭉게 피어오르는 모양은 같답니다.

적란운 아래쪽에 비 기둥이 보이면 주의!

맑은 하늘이 갑자기 흐린 구름으로 뒤덮인다면? 이러한 현상은 가까운 거리에 **적란운**이 발달하고 있다는 것을 의미해요. 적란운이 다가올수록 구름 아래쪽에는 어두운 **비 기둥(거센 빗발)**이 나타날 때가 있어요.

적란운은 불안정한 대기에서 발달하고 뇌우를 동반해요. 10종운형 중에서도 가장 키가 크고, 구름의 꼭대기가 고도 15km를 넘을 때도 있어요. 적란운 속에는 물 입자와 얼음 결정이 있고, 특히 강한 상승기류 속에서 눈과 싸라기가 만들어져요.

이 눈과 싸라기는 낙하하면서 점차 녹아 비가 되어 내리게 됩니다. 비가 두꺼운 기둥처럼 보이는 이유는 적란운의 가로 방향의 길이가 수 km에서 수십 km로 국지적인 데다 거센 비가 내리기 때문이에요.

적란운에 동반되는 국지적인 큰비는 **게릴라성**

적란운 아래쪽에 발생하는 비 기둥

우리는 대기가 불안정해지면 국지적으로 발달하면서 큰비를 내리게 하지!

구름의 키: 15km 이상에 달한다

적란운의 가로 방향 길이: 수 km~수십 km

비 기둥이 보여요!

맑은 하늘이 보여도 적란운 바로 아래에서는 큰비가 내리고 있어요.

하늘이 갑자기 어두워지거나 차가운 바람이 분다면, 적란운이 접근하고 있을 수도 있어요. 적란운과 관련된 관천망기(p.134)를 미리 확인하고, 날씨가 급변하는 모습을 목격했다면 기상청 날씨누리(홈페이지)에서 적란운의 위치를 확인해 보세요!

| 기상 레이더 | ※검색해 보세요.

겨울에 적란운 아래에서는 눈과 싸라기가 내리는 모습이 연기가 피어오르는 것처럼 보여요. 지상이 건조할 때는 도중에 증발(승화)해 꼬리구름이 되기도 해요.

호우라고 불리기도 하며(《날씨 도감 1》p.112), 적란운이 다가오면 순식간에 억수 같은 비가 내립니다. 비 기둥이 보인다는 것은 매우 가까운 곳까지 적란운이 다가왔다는 표식이니 이럴 때는 서둘러 건물 안으로 들어가 안전을 확보하는 것이 좋습니다.

깨알 지식 적란운의 위치와 움직임을 기상레이더센터에서 확인할 수 있어요. 실시간 기상 레이더 정보를 통해 강한 비가 내리는 지역을 한눈에 확인할 수 있답니다. 여름처럼 날씨가 불안정할 때는 필수겠죠! 꼭 기상청 날씨누리를 이용해 보세요.

사람의 가족사를 보듯
세대 교체하는 적란운

 적란운은 재해를 일으키는 대표적인 구름으로 '무서운 구름'이라고 생각할지도 몰라요. 그러나 **적란운**은 따뜻해진 공기(난기)가 상층대기로 상승하다가 한계에 달해 하강하고 사라지면서 다시 다른 따뜻한 공기를 들어 올리는 과정을 거치며 다음 세대로 이어지는, 다소 인간적인 면모가 있는 구름이랍니다 (《날씨 도감 1》 p.36). 게다가 마치 가족 같은 적란운도 있는데요. 그 이름은 바로 **멀티셀**. 셀은 세포라는 의미로 구름 속에 있는 상승기류와 하강기류를 말합니다. 멀티셀은 하나의 거대한 적란운으로 그 속에 세대가 다른 여러 개(멀티)의 셀이 있어요. 하나의 셀로 이루어진 적란운의 수명은 30분에서 1시간이지만, 멀티셀에서는 쇠약기의 셀이 새로운 셀을 만들어내기 때문에 그 수명이 수 시간에 달하기도 해요. 혼자서는 어려운 일도 가족의 지지와 응원으로 이겨낼 수 있듯이 말이죠. 역시 **인간적**이라 할만 하죠?

 그러나 멀티셀은 큰비와 회오리바람, 우박을 일으키는 위험한 구름이기도 해요. 안전을 위해 기상 레이더의 정보를 사용해 적절한 거리를 두고 지켜보는 것이 좋습니다.

> **깨알 지식**
> 적란운이 발생할 때는 기상청에서 호우주의보가 발표돼요. 멀티셀과 슈퍼셀(p.26)에서는 회오리와 우박도 발생할 수 있기 때문에 호우주의보에 '회오리, 우박 주의'라고 안내되어 있다면 멀티셀이 발생할 가능성이 있다고 판단할 수 있어요.

멀티셀

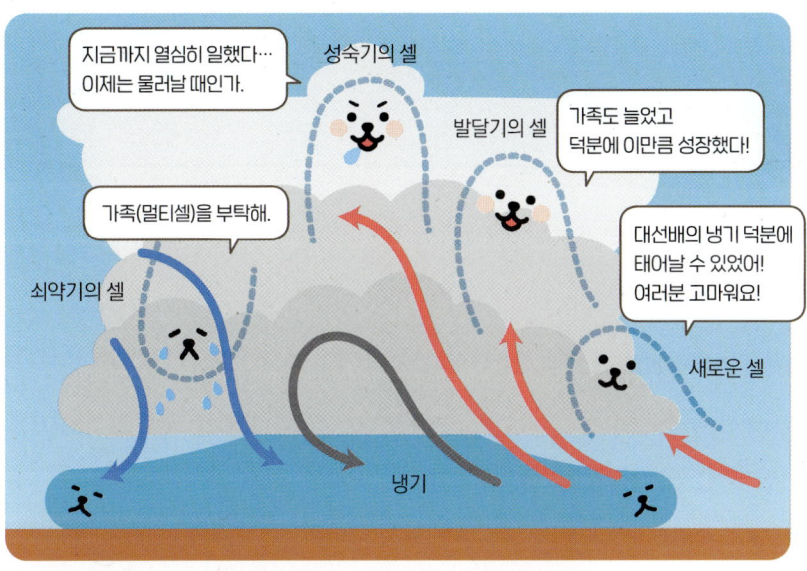

석양의 붉은빛으로 물든 멀티셀. 모루구름의 바로 옆에서 새로운 셀이 피어오르고 있네요.

뇌우를 일으키는 멀티셀. 지상과 상공 사이에 바람의 방향과 세기가 다를 때 멀티셀이 생기기 쉬워요.

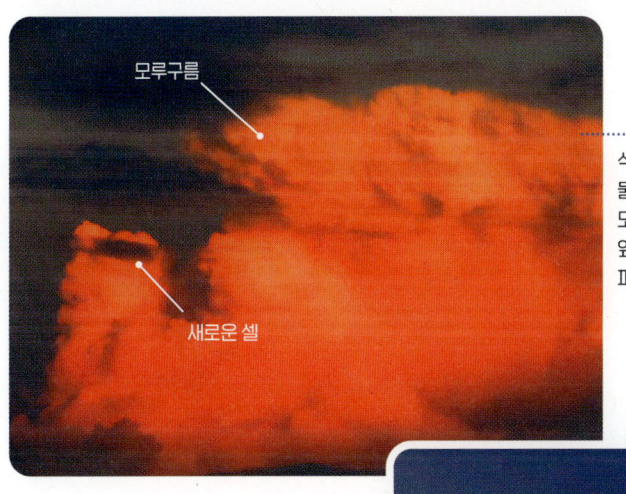

〈천공의 성 라퓨타〉 속 '용의 소용돌이'의 정체

우리에게도 잘 알려진 애니메이션 영화 〈천공의 성 라퓨타〉에는 **용의 소용돌이**라 부르는 커다란 구름이 등장합니다. 여기서 용의 소용돌이가 무슨 구름인지 과학적으로 살펴 볼까요?

먼저, 용의 소용돌이라는 구름 전체가 반시계 방향으로 돌고 있는 것으로 보아 북반구에서 발생하고, 작은 저기압(p.90)을 품고 있는 거대 적란운인 **슈퍼셀**로 추측할 수 있어요. 그리고 비행선 타이거모스호가 동쪽으로 가야 하는데 북쪽으로 나아가고 있다(저기압의 바람의 영향을 받고 있다)는 점, 비행선의 고도가 일정하다는 가정하에 수은주가 점점 떨어지고 있다는 점을 볼 때 비행선은 저기압의 중심을 향해 나아가고 있다고 짐작할 수 있습니다. 구름 가까이에서 주인공이 "반대편에서는 바람이 반대로 불고 있다" "바로 앞에 바람의 벽이 있다"고 하는 말을 통해 비행선이 슈퍼셀의 북쪽을 향하고 있다고 생각할 수 있어요. 또 슈퍼셀이 일으키는 반시계 방향의 동풍과는 반대로 상공에는 서풍(p.92)이 불고 있는 점 또한 슈퍼셀의 특징과 일치해요. 이러한 점을 종합했을 때, 용의 소용돌이는 전형적인 슈퍼셀이라고 말할 수 있는 것이죠.

애니메이션 작품에 등장하는 구름과 하늘을 과학적 근거로 살펴보니 작품뿐만 아니라 구름 공부도 더욱 재미있어지지 않나요?

> **깨알 지식**
> 애니메이션이나 만화, 소설 같은 창작물은 픽션이 가미된 작품이므로 그 내용 모두가 과학적으로 설명 가능해야 할 필요는 없어요. 즉, 과학적으로 납득할 수 없는 묘사가 있다고 해도 잘못된 일은 아닙니다. 작품은 작품으로 즐기면서 구름 지식도 활용해 보아요!

'용의 소용돌이'에 대한 과학적 고찰

구조적으로는 고전적인 슈퍼셀(classic supercell)로 생각할 수 있습니다. 단지 영화에서는 강수 입자가 눈에 띄지 않았다는 점으로 미루어, 저강수형슈퍼셀(low-precipitation supercell)일 가능성이 있습니다.

현실 세계의 슈퍼셀. 슈퍼셀은 대기가 매우 불안정할 때 발생하는 거대 적란운으로 강한 회오리바람을 일으키기도 해요(《날씨 도감 1》p.124).

구름 아래층의 메소사이클론이 일으키는 월클라우드

켜켜이 겹쳐진 렌즈구름을 용의 소용돌이라고 부르기도 해요. 산을 넘는 기류가 있을 때 이와 같은 구름이 나타나고, 회전구름이라 부르기도 합니다(《날씨 도감 1》p.44).

컵으로 이해하는 구름의 원리

생활 속 흔한 물건으로도 구름의 원리를 이해할 수 있어요. 컵에 얼음물을 담았을 때 측면에 생기는 물 입자(**결로**)도 그중 하나랍니다.

공기는 온도가 높으면 **수증기**(기체의 물)를 많이 가지고 있을 수 있지만, 온도가 낮으면 대기 속에 품을 수 있는 수증기의 양이 줄어들어요. 따뜻하고 습한 공기가 상승하는 등(p.30) 어떤 원인으로 공기가 냉각되면 공기가 머금을 수 있는 수증기의 양은 한계(**포화**)를 넘어서게 되고 액체 상태인 물이 되어 눈으로 확인할 수 있게 됩니다. 이것이 구름이에요. 얼음물이 담긴 컵의 옆쪽에서 컵 주위의 공기가 차가워져 결로가 생기는 모습은 구름이 만들어지는 원리와 같습니다. 결로 입자가 어느 정도 커지면, 이내 다른 입자와 뭉쳐져 무거워지면서 떨어지죠. 이러한 현상도 구름 속에서 비가 내리는 것과 같은 원리입니다. 구름은 먼 곳에만 있다고 생각하기 쉽지만 된장국이나 라면에서 피어오르는 열기, 겨울에 입에서 나오는 하얀 입김도 구름의 한 종류랍니다. 일상생활에서 만날 수 있는 구름을 찾아보는 것은 어떨까요?

> **깨알지식** 공기 덩어리(파셀 군)를 포함한 수증기가 한계를 넘어서면 수증기가 물로 바뀌어 뭉쳐지면서 구름이 됩니다. 여러분은 이제 하늘의 구름을 볼 때, 파셀 군이 물을 가득 머금고 '웁!' 하는 모습을 상상하게 될 거예요.

구름이 만들어지는 원리

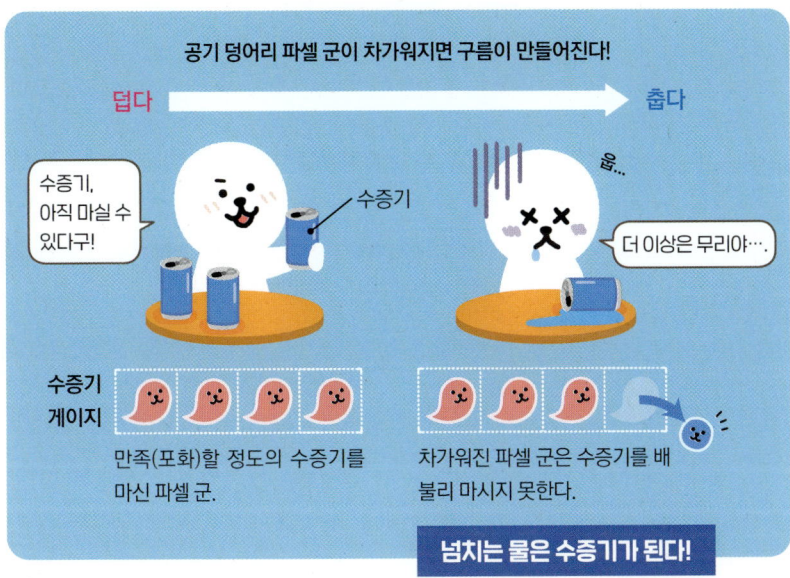

넘치는 물은 수증기가 된다!

여기서는 공기의 포화만 고려하고 있지만, 실제 하늘에는 대기 중에 떠다니는 작은 먼지(에어로졸)가 구름 입자의 핵이 됩니다(《날씨 도감 1》 p.28).

페트병으로 쉽게 만들 수 있는 구름

구름을 직접 만져 볼 수 있는 쉬운 방법이 있어요. 바로 **페트병을 이용해 간단히 구름을 만들어 보는 것**입니다.

우선, 빈 페트병, 소독용 알코올 스프레이, 시중에서 흔히 볼 수 있는 탄산키퍼(페트병에 끼워 탄산음료의 탄산이 빠져나가지 않도록 하는 마개)를 준비합니다. 페트병 속에 소독액을 뿌리고(p.31 그림 ❶), 탄산키퍼를 끼워 몇 번 눌러 준 다음(❷), 키퍼를 열면 그 순간 구름이 만들어집니다(❸). 탄산키퍼를 누르면 페트병 안쪽에만 **압력**이 올라가고, 키퍼를 여는 순간 주위 공기와의 기압 차로 인해 페트병 속의 공기가 팽창합니다(**단열팽창**). 그러면 공기는 팽창하기 위한 에너지에 자신의 열을 사용하기 때문에 온도가 내려가고(**단열냉각**), 이때 공기가 포화하면서 구름이 만들어지는 것이죠.

이것은 지상의 공기가 기압이 낮은 상공으로 상승하면서 구름이 만들어지는 원리와 같아요. 간단히 시험해 볼 수 있으니 도전해 보세요!

> **깨알지식** 탄산키퍼가 없어도 구름을 만들 수 있어요. 손으로 구길 수 있는 얇은 소재의 페트병 안에 알코올 소독액을 뿌린 뒤 뚜껑을 닫고 힘을 주어 비틀었다가 풀면 구름이 생겨요! 페트병을 비틀기 위해서는 힘이 필요하므로 어른과 함께 실험해 보세요!

실험하기

① 소독액을 뿌린다

공기가 습해지고, 구름의 핵이 되는 먼지가 채워진다

빈 페트병에 알코올 스프레이를 2~3회 분사! 알코올이 구름을 만드는 핵이 돼요(《날씨 도감 1》 p.28).

② 탄산키퍼를 누른다

압력이 상승
→ 단열승온

시중에서 쉽게 구할 수 있는 탄산키퍼를 이용! 20~30회 눌러 더 이상 공기가 들어가지 않으면 돼요. 페트병 속의 공기가 압축되면서(**단열압축**) 온도가 상승해요(**단열승온**).

③ 뚜껑을 단숨에 연다

기압이 저하
→ 단열냉각
→ 구름 발생

뚜껑을 단숨에 열면 구름이 생겨요!

공기가 들어 올려져 구름이 되는 원리

압력이 저하하면서 단열팽창
➡ 단열냉각으로 포화하며 구름 발생

↑ 상승

상승기류로 발생하는 적운과 적란운은 이러한 원리로 태어난답니다.

탄산키퍼가 없어도 구름을 만들 수 있어요

얇은 페트병에 ① 소독액을 뿌린 뒤, 뚜껑을 닫고 비틀었다가 풀면?!

CHAPTER 1
11

아이스크림으로도 구름을 만들 수 있다

　아이스크림(얼음)의 포장을 벗기고 꺼낼 때 하얗게 일어나는 수증기를 본 적이 있을 거예요. 사실 이것도 구름의 한 종류랍니다.

　얼음을 봉투에서 꺼낸 직후, 얼음의 온도는 아직 빙점보다 낮아요. 그런 얼음의 표면 주위 공기가 차가워지면 공기가 품을 수 있는 수증기의 양이 줄어들고, 공기가 포화해 구름이 발생합니다. 이때 차가운 공기는 따뜻한 공기에 비해 밀도가 크고 무겁기 때문에 얼음 주위에 차가워진 공기는 하강기류를 만들어요. 얼음으로 이뤄진 **얼음구름**은 이 흐름을 타고 아래 방향으로 흘러가는 것이랍니다.

　보냉제로도 사용되는 드라이아이스를 물에 넣었을 때 흘러나오는 연기도 마찬가지예요. 같은 원리로 구름이 만들어진 후 차가운 공기의 흐름을 타고 아래로 내려가죠. 실제 하늘에서는 차가운 바다와 육지에서 따뜻하고 축축한 공기가 냉각되어 수증기가 응결하는 **이류 안개**가 같은 원리로 발생한답니다.

　얼음에서 하얗게 일어나는 수증기를 본다면 손을 뻗어 서늘한 구름을 느껴 보세요.

깨알 지식 　얼음에서 안개처럼 구름이 피어오르는 현상은 공기가 습할 때 생기기 쉬워요. 무더운 여름에는 발생하기 쉽지만, 건조한 겨울에는 잘 발생하지 않아요. 33쪽의 얼음구름 사진은 겨울에 가습기로 공기 습도를 높인 실내에서 촬영했답니다.

실험하기

이것이 구름!

얼음구름

구름이 공기의 흐름을 알려 줘요. 공기가 냉각되면서 생기는 층운(안개)과 같은 원리!

드라이아이스구름

드라이아이스를 직접 손으로 만지면 위험해요! 또한 드라이아이스는 기체인 이산화탄소가 되어 낮은 곳으로 흐르기 때문에, **산소 부족이 일어나지 않도록 반드시 환기합시다.**

이류 안개

바닷마을에서 찍은 사진으로 바다에서 다가오고 있는 안개(해운)가 항구를 덮고 있는 모습.

비가 내리면 서늘해지는 이유는?

여름에 소나기가 내리고 나면 더위가 한결 누그러지는 경험을 해봤을 거예요. 비가 내린 후에 시원해지는 이유는 물의 성질에 그 비밀이 있답니다.

물은 기체인 수증기, 액체인 물, 고체인 얼음의 3가지 상태를 가지고 있고, 각 상태에서 다른 상태로 변화하는 것을 **상변화**(상전이)라고 합니다. 물 분자의 에너지는 기체, 액체, 고체 순으로 높습니다.

물의 상태 변화와 잠열의 관계

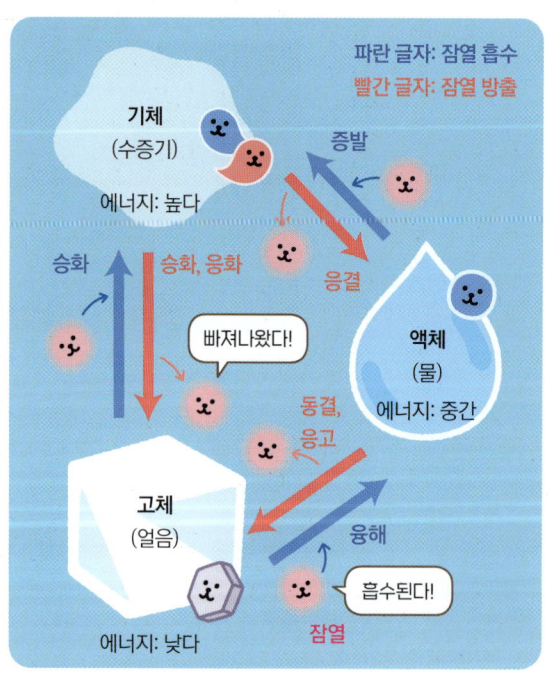

웅대적운과 두건구름

기세 좋게 발달하는 구름 속에서는 결로가 활발하게 일어나고, 잠열이 방출되면서 아주 조금 따뜻한 상태예요.

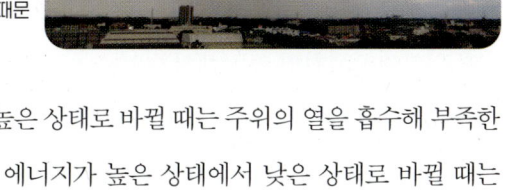

적란운에서 뻗어 나온 비 기둥

비가 내리기 전부터 차가운 바람이 부는 경우가 있어요. 이것은 구름 속에 차가운 공기가 흐르고 있기 때문이에요.

에너지가 낮은 상태에서 높은 상태로 바뀔 때는 주위의 열을 흡수해 부족한 에너지를 보충하고, 반대로 에너지가 높은 상태에서 낮은 상태로 바뀔 때는 열이 방출됩니다. 이때 들고나는 열을 **잠열**이라고 해요.

비가 내리면 지상에 떨어진 비가 증발하면서 지면과 공기를 식힐 뿐만 아니라 구름 속에 있던 눈과 싸라기가 녹아서 비의 증발로 차가워진 공기와 함께 떨어지기 때문에 전반적으로 기온이 낮아지게 됩니다. 더불어 주위에 찬 바람이 불어오면 더 빨리 시원해지겠죠? 땀을 흘린 상태로 선풍기 바람을 쐬면 더 시원하게 느끼는 것도 피부에서 잠열을 흡수한 땀이 증발하기 때문입니다. 선풍기 바람을 맞을 때는 구름과 비를 떠올려 보세요.

깨알지식 발달 중인 구름 속에서는 구름 입자가 응결, 동결해 위로 상승하면서 잠열을 방출하게 되는데, 특히 적란운의 위쪽은 주위와 비교해 온도가 수 ℃ 가량 높다고 해요. 열을 조금씩 방출하며 올라가는 모습에서 높은 곳으로 올라가려는 의지가 엿보이네요.

도시 불빛으로
환상적인 색을 띠는 밤 구름

밤하늘은 새까맣게 어두운데도 구름은 희미하고 아련한 빛이 나는 것을 볼 수 있어요. 이것은 가로등과 같은 도시의 불빛과 달빛이 구름에 닿아서 퍼트려지기(**산란**) 때문이에요.

낮 시간의 구름이 하얗게 보이는 이유는 태양광 때문입니다. 태양광 속에는 다양한 파장의 빛이 어우러져 있는데 그중 우리가 볼 수 있는 빛을 **가시광**이라고 하며, 빛의 파장이 짧은 쪽에서부터 순서대로 보라, 파랑, 초록, 노랑, 주황, 빨강으로 배열이 되어 있어요. 가시광이 그 파장과 같거나 그보다 큰 파장의 구름 입자에 도달하면 어느 색의 빛이나 동일하게 산란(**미산란**)하기 때문에 많은 색이 중첩되어서 구름이 하얗게 보여요. 하지만 밤에는 태양처럼 강한 광원 없이 가로등 빛이 그대로 구름에 닿아 산란하기 때문에 가로등의 색과 유사한 색을 띠는 것처럼 보이게 된답니다.

특히 밤하늘에 **낮은 구름**이 펼쳐져 있을 때는 가로등 불빛을 받아 색을 띠는 구름을 만나기 쉬워요. 안개나 낮은 구름에 의해 발생하는 **운해**를 높은 곳에서 내려다보면 가로등 색으로 물든 아름다운 풍경과 마주할 수 있을 거예요. 밤하늘에서 하얀색과는 다른 색을 띤 낮은 구름을 보게 된다면 그 주변의 광원이 무엇인지 살펴보세요.

> **깨알지식** 안개구름처럼 낮은 구름은 상점이나 건물의 조명처럼 불규칙하게 움직이는 빛이 구름에 닿으면 마치 구름 속에 발광물체가 있어 움직이는 것처럼 보일 때가 있어요. UFO(미확인비행물체)를 의심하기 전에 먼저 주변에 강한 광원이 있는지 찾아보세요.

가로등 불빛에 물들어 다채로운 색을 띠는 밤 구름의 모습.

관찰하기

색으로 물든 운해의 풍경은 환상적이에요!

일본 도쿄의 스카이트리의 빛으로 구름이 물들었어요. 겨울에 낮은 하늘의 구름이 얼음으로 이뤄져 있을 때와 눈이 내릴 때는 얼음과 눈의 결정 때문에 빛이 반사되어 밤하늘이 무척 밝아지기도 한답니다.

적란운이 발달하기 쉬운 요일이 있다고?

놀랍게도 '적란운은 수요일에 발달하기 쉽다'는 연구 결과가 있어요.

특히 인구가 많은 도시는 휴일에 비해 평일에 활동 인구가 많은 편이에요. 사람들이 이용하는 건물의 냉난방, 조명, 교통수단 등으로 인해 인공열이 발생하고 그 영향으로 평일에는 기온이 높고, 휴일에는 기온이 낮은 이른바 **주말효과**가 생기게 됩니다. 한 연구에 따르면 주말효과는 하늘에 떠 있는 작은 먼

에어로졸이 적란운에 미치는 영향

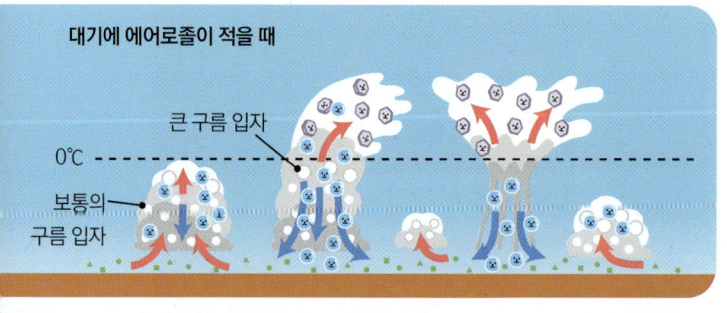

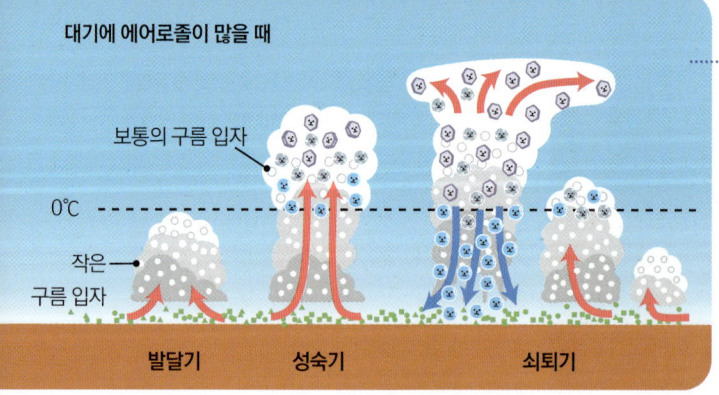

키가 작은 물구름에 에어로졸이 많으면 구름 입자가 많아지고 하나의 구름이 성장하기 위해 사용할 수 있는 수증기의 양이 줄어들어 쉽게 비가 내리지 않아요. 그러나 얼음도 포함하고 있는 키가 큰 적란운이 되면 결과적으로 수증기의 공급량이 늘어 비의 양도 많아지는 거라고 알려져 있어요.

발달한 적란운인 모루구름.

도심 하늘에 떠 있는 구름. 대기가 탁해서 에어로졸의 영향을 받은 것으로 보여요.

지(에어로졸)의 농도나 대형 트럭의 매연 같은 사람들의 활동에 의해서도 나타나는데 특히 화요일부터 목요일에 농도가 높다고 보고했습니다.

에어로졸은 구름의 발생에도 영향을 줘요(《날씨 도감 1》 p.28). 맑은 하늘의 적란운 속에서는 물 입자들이 비로 성장한 후 바로 떨어지지만 대기질이 나쁘면 대기 중에 구름 입자가 많아져 좀처럼 비가 되어 내리지 못해요. 결과적으로 수증기의 공급량이 많아져 적란운이 발달하게 되는데, 산업인구의 활동으로 대기 중의 수증기가 계속 축적되어 수요일을 기점으로 비가 내릴 확률도 높아지는 것이랍니다.

이런 주장은 아직 논의 중이지만, 사람들의 활동이 하늘에도 여러 영향을 미치고 있다는 하나의 사례일 수 있어요. 구름과 사이좋게 지내기 위해서는 먼저 하늘을 알아가는 것부터 시작해 봅시다.

깨알지식 신종 코로나바이러스 감염병 확산으로 전국적으로 사람들의 활동이 제한되었던 2020년 봄, 도심의 기온은 4~5월 평균보다 0.5℃나 낮았어요. 이것은 활동 자제로 배열(여열)이 줄어든 것이 원인이지 않았을까요?

COLUMN 1

기상청은 어떤 곳인가요?

기상청은 국가의 행정기관 중 하나로 태풍과 집중호우 같은 기상과 지진, 해일, 산불, 기후 변화 등 자연 현상을 관측 및 예보하고, 이와 관련된 정보의 발신을 통해서 재해로부터 안전한 사회 실현을 임무로 합니다.

기상청은 최신 과학 기술을 업무에 적용하고 있는데, 가령 기상 분야에서는 24시간 체제의 예보와 주의보, 경보 같은 방재 정보를 작성하고 발표하는 역할을 해요. 더불어 기상 레이더와 기상 위성 등을 운용해 기상 관측도 시행합니다. 전국적으로 관할 구역별 기상대와 지방기상대가 설치되어 있는데, 저도 한때 지방기상대의 예보 현장에서 일하며 일기예보를 작성하고 기상 변화에 따른 주의보와 경보를 발령하는 업무를 담당하기도 했답니다. 평상시에는 조용한 곳이지만, 재해가 발생할 가능성이 예측될 때는 엄중한 분위기로 방재에 대응합니다. '내가 만든 정보에 국민의 생명이 달려 있다'는 생각이 매일 더 연구하고 발전하려는 원동력이 됩니다.

지방기상대에서 예보 작업을 하는 필자(2009년 무렵).

세상에서 가장 쉬운 채운 찾기

무지개 색으로 물든 구름, **채운**. 흔히 볼 수 없다고 생각하는 구름이지만 간단한 팁 하나만 알아둔다면 1년 내내 쉽게 채운과 만날 수 있어요.

채운은 물고기구름(**권적운**)과 같은 물 입자에 태양광이 도달해 돌아 들어가면서(**회절**), 태양에서 주먹 하나 정도의 범위 안에서 만들어집니다. 그 때문에 먼저 하늘에 권적운이 있는지 확인하고(p.43 그림❶), 건물의 그늘로 들어갑니다❷. 이때 자신의 얼굴이 반드시 그늘 속에 있도록 한 후, 태양을 맨눈으로 보지 않도록 주의하면서 태양이 아슬아슬하게 가려지는 위치를 찾습니다❸. 그 장소에서 태양 가까이 떠 있는 권적운을 관찰하면 맨눈으로 확연히

관찰하기

채운을 관찰하는 모습. 건물 그늘에 숨어 촬영해요. 건물이 태양을 아슬아슬하게 가리면 태양 주위의 하늘을 넓게 볼 수 있어요.

렌즈 모양을 한 권적운의 채운

물고기구름(권적운)과 양떼구름(고적운)은 빙점 이하의 하늘에서도 액체 상태 그대로인 과냉각의 물 입자로 이뤄져 있을 때가 많아 채운이 나타나기 쉬워요. 바람이 강하면 구름이 렌즈 모양이 되는데 이 경우에는 대규모의 채운과 만날 수도 있어요.

채운과 만나는 방법

1 물고기구름(권적운)을 확인한다

권적운(p.16)이 하늘에 떠 있는지 확인해요.

2 건물 등의 그늘로 들어간다

자신의 얼굴 그림자가 그늘에 들어가 있는지 확인해요.

3 태양이 보일 듯 말 듯 가려지는 위치에 선다

태양을 맨눈으로 보지 않도록 주의하며 위치를 조정해요.

4 채운을 찾아본다!

태양 바로 가까이에 권적운 무리가 있다면, 무지개 색의 채운을 발견할지도 몰라요!

> ⚠️ 태양을 맨눈으로 바라보면 매우 위험해요! 눈을 다칠 수도 있거든요.
> 반드시 그늘진 곳에서 하늘을 올려다보고, 사물이나 건물로 태양을 가리면서 안전하게 관찰하세요.

알아볼 수 있을 만큼 무지개 색을 띠는 채운을 볼 수 있을 거예요(**4**).

관찰할 때 태양을 직접 보게 되면 망막이 상할 수 있어 위험하고, 강한 빛에 망막이 자극받으면 무지개 색을 찾아내기도 어려워져요. 그래서 조금 더 쉽게 채운을 관찰하려면 태양 가까이에 있는 물체가 아닌 조금 떨어진 위치의 건물 등으로 태양을 가리는 것이 좋습니다. 그렇게 하면 무지개 색을 더욱 선명하게 볼 수 있어요. 스마트폰으로도 채운을 촬영할 수 있으니 꼭 도전해 보세요!

깨알 지식 채운이나 햇무리, 아크와 같이 하늘에 나타나는 무지개 색은 보름달에 가까운 밝은 달이 뜨는 밤에도 관찰할 수 있어요. 태양은 직접 바라보지 않도록 주의해야 하지만 달빛은 눈에 피해를 주지 않아 안전하게 관찰, 촬영할 수 있답니다.

하늘에서 무지개 색을 발견하는 방법

하늘에서 관찰되는 무지개 색은 우리에게 익숙한 무지개, 채운 외에도 많은 종류가 있어요. 이러한 정보를 알고 있어도 발견하기 어렵다고 해서 **하늘의 무지개 색을 구별하는 플로우차트**를 만들어 보았습니다(p. 46).

하늘에서 무지개 색을 발견한다면 먼저 무지개 색이 보이는 곳이 태양 쪽인지 그 반대쪽인지 체크해야 해요. 태양과 정반대 쪽, 즉 그림자가 생기는 방향인 대일점이라면 **브로켄현상**, 하늘에 손을 뻗어 대일점에서 손바닥 2개 크기 정도 떨어진 위치라면 **무지개**입니다. 태양 쪽 하늘에서 보이는 무지개 색 중 색의 배열이 불규칙하면 **채운**, 규칙적이고 태양으로부터 주먹보다 작은 범위 안에 나타났다면 **광환**입니다. 이것은 물고기구름(권적운)에서 나타나기 쉽습니다. 그보다 조금 더 떨어진 위치에 나타났다면 얇은구름(권층운)에서 발견하기 쉬운 **햇무리**와 **아크(호)**인데, 태양에서 손바닥 하나 정도 벌어진 위치에서 **22° 햇무리, 22° 환일**, 손바닥 2개 정도 떨어진 위치에 **환천정호, 환수평호** 등도 나타납니다. 햇무리와 아크는 반드시 태양에서 가까운 쪽에 적색이 위치한다는 점이 특징입니다.

무지개 색을 발견했을 때 어떤 종류의 무지개인지 그 이름을 떠올릴 수 있다면 발견의 기쁨도 두 배가 되겠죠? 여러분에게 무지개 색과 만나는 멋진 만남이 기다리고 있기를 바랍니다.

> **깨알 지식**
> 누군가 하늘을 보고 "무지개다!"라고 말한다면, 친절하게 무지개의 진짜 이름을 알려 줘 볼까요? 좀 틀려도 괜찮아요. 즐거운 마음으로 다시 하늘을 올려다본다면 그걸로 충분하니까요.

관찰하기

멀티디스플레이 햇무리

많은 햇무리와 아크가 동시에 출현! 무지개 색의 위치(p.47)를 확인하고 무엇이 있는지 알아봅시다(정답은 p.167).

⚠️ 태양을 맨눈으로 바라보면 매우 위험해요! 눈을 다칠 수도 있거든요.
반드시 그늘진 곳에서 하늘을 올려다보고, 사물이나 건물로 태양을 가리면서 안전하게 관찰하세요.

팔을 쭉 뻗고 손을 폈을 때 태양에서 손바닥 하나만큼 떨어진 위치에 있어요.

22° 햇무리, 22° 환일

환천정호

얼음구름이 있는 부분에만 나타나요. 채운과 헷갈리기 쉽지만, 색의 배열이 규칙적이고 무지개 색의 아랫부분이 적색을 띠기 때문에 태양이 아래쪽에 위치하는 환천정호임을 알 수 있어요.

대규모의 채운

태양에서 조금 떨어진 위치에 생기는 채운은 엷은 무지개 색으로 물들어요.

45

하늘의 무지개를 구별하는 플로우차트

별의 개수는 희소성, 괄호는 달일 때의 이름

시작은 여기부터!

① 무지개가 태양 정반대편 하늘에 보인다.
- NO → ③
- YES → ②

③ 무지개 색의 배열이 불규칙하다.
- NO → ④
- YES → 채운

④ 태양 바로 가까이에 보인다.
- NO → ⑤
- YES → 광환

⑤ 태양에서 손바닥 하나 정도 떨어진 위치에 있다.
- NO → ⑨
- YES → ⑥

⑨ 태양에서 손바닥 2개 정도 떨어진 위치에 있다.
- YES → ⑨ 태양 바로 위로 뒤집힌 모양

⑨ 태양 바로 위로 뒤집힌 모양
★★★
- YES → 환천정호: 거꾸로 뜬 무지개
- NO → ⑩

환천정호: 거꾸로 뜬 무지개
얼음구름에 나타나는 선명한 무지개. 태양 고도가 낮은 아침이나 해 질 녘에 나타난다. 태양 쪽이 붉은색 (《날씨 도감 1》 p.70).

⑥ 태양을 중심으로 원 모양
★
- YES → 22° 무리
- NO → ⑦

22° 무리: 안무리, 햇무리(달무리)
권층운 등 얼음구름에 나타나는 원 모양의 무지개. 태양 쪽이 붉은색. 하얀색을 띠기도 한다(《날씨 도감 1》 p.68).

② 내 그림자 바로 근처에 보인다.
★★
- YES → 브로켄현상
- NO → 무지개

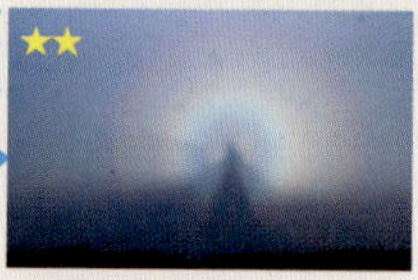

브로켄현상: 광륜
구름과 안개가 눈앞에 있을 때, 내 그림자를 중심으로 무지개가 나타난다(《날씨 도감 1》 p.78).

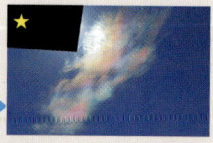

무지개: 주무지개, 부무지개(달무지개)
주무지개: ★★
부무지개: ★★★
태양과 반대쪽 하늘에 비가 내릴 때 나타난다. 주무지개는 바깥쪽이 빨간색, 부무지개는 안쪽이 빨간색을 띤다. 원 모양인 무지개의 일부(p.48, 《날씨 도감 1》 p.60).

⑩ 태양 바로 위에서 거의 원에 가까운 모양
★★★★
- YES → 상부 레터럴호
- NO → ⑪

상부 레터럴호
얼음구름에 나타나는 무지개. 환천정호와 상부, 하부 탄젠트호가 동시에 나타나기 쉽다. 태양 쪽이 붉다.

⑦ 태양의 좌우에 나타난다.
- YES → 22° 환일(환월)
- NO → ⑧

22° 환일(환월)
★★
무지개 빛을 내는 점으로, 태양의 좌우에 나타난다. 태양 쪽이 붉다(《날씨 도감 1》 p.72).

채운
태양 주변에서 주먹 하나 정도 범위 안에 있는 권적운, 고적운이 있을 경우 나타난다. 색의 배열이 불규칙하다. 렌즈 모양의 구름이 있다면 대규모로 나타난다. 태양과 떨어진 위치의 채운의 색은 옅다(p.42, 《날씨 도감 1》 p.74).

⑪ 태양 바로 아래에서 옆으로 긴 모양
★★★★
- YES → 환수평호
- NO → ⑧

환수평호: 수평무지개
얼음구름에 나타나는 선명한 무지개. 태양 쪽이 붉다. 봄에서 가을 사이 정오 전후 시간에 나타난다(《날씨 도감 1》 p.70).

⑧ 태양 바로 위에 위치한다.
★★★
- YES → 상부 탄젠트호
- NO → 하부 탄젠트호

상부 탄젠트호
22° 무리에 겹쳐진 것처럼 태양 위쪽에 나타나는 무지개. 태양 쪽이 붉다. 태양의 고도가 낮으면 V자 형태가 되기도 한다.

광환(월광환)
★★★
꽃가루광환 ★★

광환(월광환)
태양에서 주먹 반 개 범위 내에 원 모양으로 나타나는 무지개. 채운과 섞여 발생하기 쉽다. 꽃가루로도 발생할 수 있다(《날씨 도감 1》 p.76).

태양의 왼쪽 아래, 오른쪽 아래에 보인다. → 하부 래터럴호

하부 래터럴호
★★★★★
얼음구름에 나타나는 무지개. 태양 쪽이 붉다. 태양 고도가 높으면 태양의 아래 가까운 위치에 나타난다.

태양의 바로 아래 위치에 나타난다. → 하부 탄젠트호

하부 탄젠트호
★★★★
22° 햇무리에 겹쳐지듯 태양 아래쪽에 나타나는 무지개. 태양 쪽이 붉다. 태양 고도가 높으면 옆으로 길게 발생한다.

⚠️ **태양을 맨눈으로 바라보면 매우 위험해요! 눈을 다칠 수도 있거든요.**
반드시 그늘진 곳에서 하늘을 올려다보고, 사물이나 건물로 태양을 가리면서 안전하게 관찰하세요.

태양 쪽 하늘에서 볼 수 있는 무지개의 위치

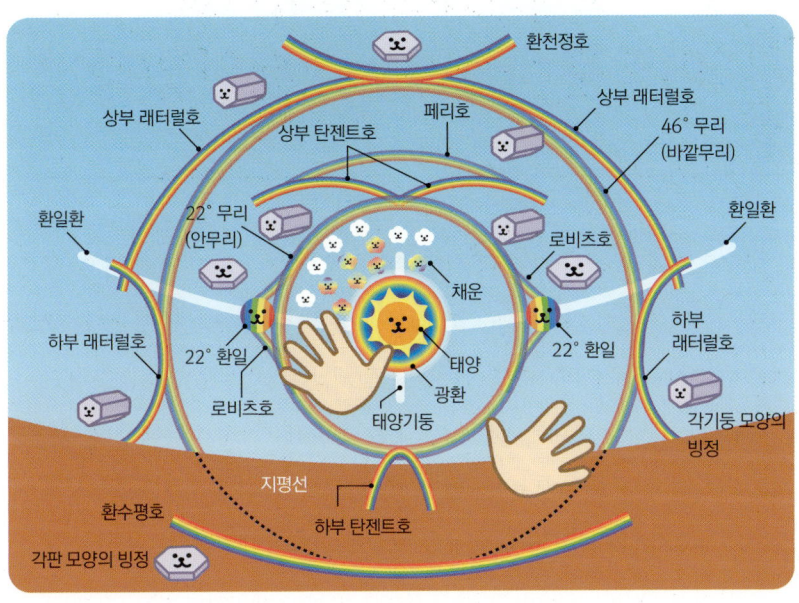

태양과 반대쪽 하늘에 보이는 무지개의 위치

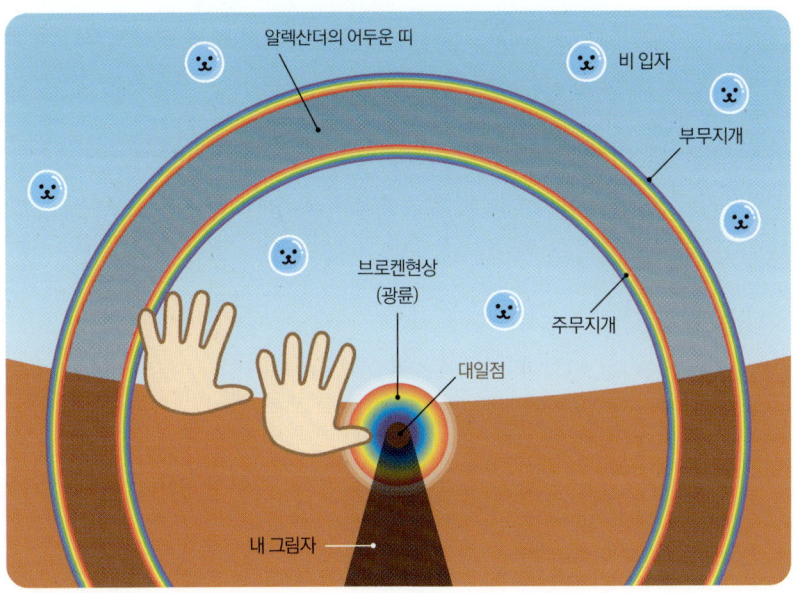

쌍무지개 사이의 어두운 하늘에는 이름이 있다

이중으로 장대하게 뻗은 **쌍무지개**가 하늘에 걸린 것을 본 적 있나요? 두 무지개 사이의 하늘은 자세히 보면 약간 어두운 색을 띠는데, 이 부분에는 정식 이름이 있답니다. 기상학자들은 이 부분을 **알렉산더의 어두운 띠**라고 불러요.

무지개는 태양과 반대편에서 비가 내릴 때 빨간색부터 보라색까지 원호 형태로 연속되어 하늘에 나타나는 빛의 띠입니다. 안쪽의 무지개를 **주무지개**, 바깥쪽을 **부무지개**라고 하는데, 태양과 정반대 위치인 **대일점**을 중심으로 원 모양으로 형성됩니다. 주무지개, 부무지개를 만드는 태양광이 비 입자 속에 들어가 **굴절**돼 나오는 각도는 주무지개에서 42°, 부무지개에서 50°로 정해져 있어요. 비 입자 안에서 주무지개는 1회, 부무지개는 2회 반사하면서 부무지개가 상대적으로 색이 연해져요. 그래서 대기 오염이 심하면 주무지개만 보여요. 어두운 띠 부분의 하늘에서도 비 입자 속으로 빛이 들어가지만 주무지개와 같은 굴절을 하는 빛은 아래쪽으로 꺾여서 지나가기 때문에 관측자의 눈에 도달하지 않습니다. 이 때문에 빛이 집중돼서 상대적으로 밝은 주무지개의 안쪽과 비교적 어두운 부무지개의 바깥쪽의 차이 때문에 하늘이 어두워 보이게 됩니다.

무지개와 만나고 싶은 분들은 잠깐씩 비가 개었다 내렸다 하는 **여우비**가 오는 날을 노려 보아요. 무지개와 함께 알렉산더의 어두운 띠도 찾아보세요.

알렉산더의 어두운 띠는 고대 그리스 철학자인 알렉산드로스가 그러한 현상을 최초로 기술한 데서 유래했어요. 그는 철학자인 아리스토텔레스의 책을 해설한 주석서를 많이 남겨서 후대에 '주석자'라는 별명으로 불리기도 했습니다. 주석자의 어두운 띠…!

관찰하기

무지개가 있는 하늘의 이름

빛의 색에 따라 굴절의 정도는 달라지기 때문에, 색이 나뉘는 무지개가 발생해요. 주무지개와 부무지개는 색의 배열이 반대입니다(《날씨 도감 1》 p.63).

무지개와 알렉산더의 어두운 띠의 원리

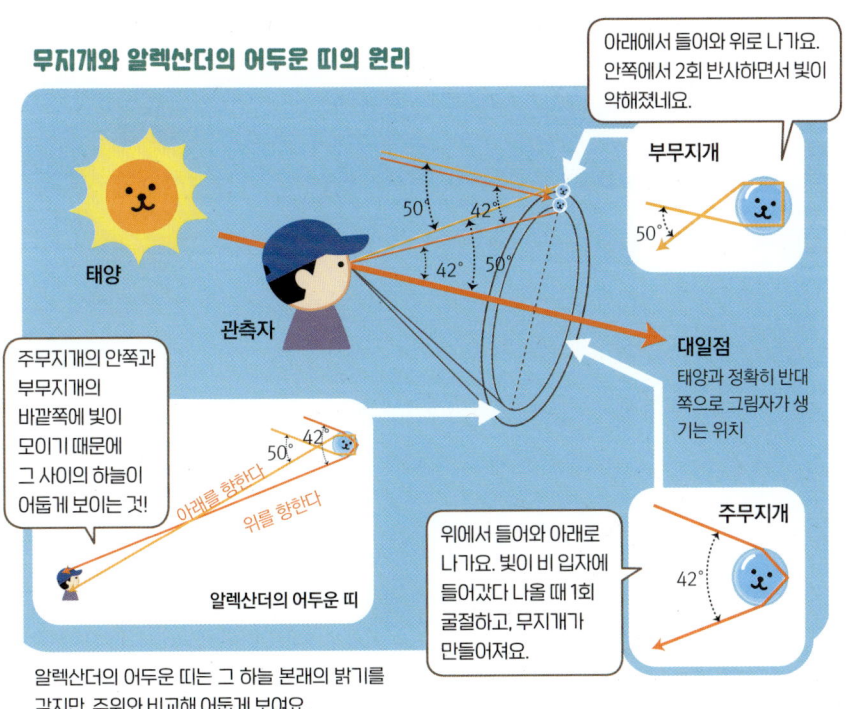

알렉산더의 어두운 띠는 그 하늘 본래의 밝기를 갖지만, 주위와 비교해 어둡게 보여요.

49

쌍무지개 말고도 3중, 4중 무지개도 있다

'2중으로 된 쌍무지개가 있다면, 3중과 4중 무지개도 있지 않을까?'라고 더욱 호기심이 생길 수도 있을 거예요. 정답은 '있다'입니다. 여러 겹의 무지개도 관찰되는데 이러한 무지개는 **반사무지개**로 인해 발생합니다.

무지개는 태양과 반대쪽 하늘의 비 입자에 태양의 **직사광**이 닿아서 만들어져요. 그런데 관찰하는 장소 가까이에 커다란 강이나 호수 같은 수면이 있으면 그 수면에 반사한 빛(**반사광**) 때문에 무지개가 만들어지기도 해요. 태양의 직사광은 낮 시간 동안에는 대일점이 지평선보다 낮은 위치에 있는데 반해 반사광의 경우에는 지평선보다 높은 위치의 대일점을 중심으로 원 모양의 주무지개와 부무지개가 나타납니다. 태양의 직사광 때문에 만들어진 주무지개와 부무지개까지, 운이 좋다면 **4중 무지개**를 동시에 볼 수 있는 것이죠.

반사무지개는 바람이 불지 않아서 수면에 물결이 일지 않으면서 태양과 반대쪽에서는 비가 내리고 있을 때 발견될 확률이 높아요. 어느 정도 커다란 수면이 있어야 발생할 수 있는 현상이기 때문에 꼭 보고 싶다면 먼저 관찰할 수 있는 강이나 호수를 찾아보아야 해요. 무지개가 나올 법한 여우비가 내리는 날, 반사무지개를 찾아보는 것은 어떨까요?

깨알 지식 무지개가 생길 것 같은 날이 있죠. 대기가 불안정한 날에 기상청의 레이더 정보로 비구름이 통과하는 시점을 예상하고, 비 내리는 하늘에 태양광이 비춰 준다면 무지개와 만날 기회입니다! 태양과 반대편 하늘에 나타나는 무지개를 카메라에 담아 보세요.

4중 무지개로 채색된 하늘

색의 배열을 살펴보자!

관찰하기
4중 무지개의 원리

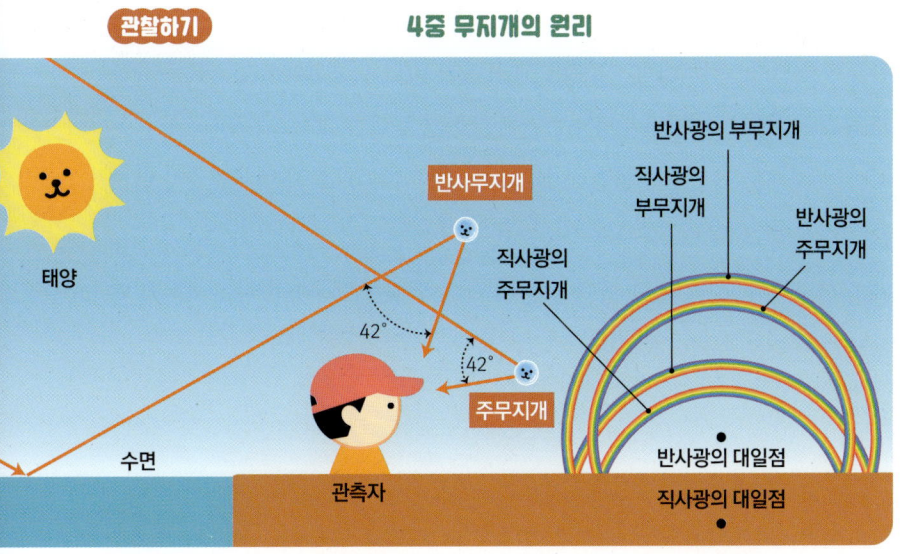

그림에는 커다란 수면이 관측자 뒤에 놓여 있지만, 수면이 관측자 앞에 있어도 무방합니다.

신비로운 쌍둥이 무지개와 끊어진 무지개

무지개의 세계는 심오하고 때로는 불가사의한 모습을 우리에게 보여 줍니다. 그중 하나가 **쌍둥이 무지개**입니다. 2개의 무지개는 구형의 비 입자를 통과하는 태양광이 굴절, 반사하여 발생하지만, 비 입자가 크지 않고 만두 모양일 때는(p.78), 무지개의 원호 윗부분에서 주무지개가 살짝 어긋나면서 겹쳐진 것 같은 무지개가 나타나기도 해요.

그 외 무지개가 중간에 **끊어진 것 같은 모습의 무지개**도 있어요. 무지개의 빛은 태양광이 구형의 물 입자를 통과할 때 굴절하면서 색이 분리돼요. 순수한 물로 이루어진 입자를 통과할 때 주무지개에서는 태양광이 굴절, 반사로 42° 구부러지면서 나가요. 그러나 바닷물은 소금이 녹아 있기 때문에 굴절하는 비율이 조금 달라지는데 바다의 물보라에 의해 생겨난 무지개는 그 반경이 약 0.8° 작아지게 됩니다. 따라서 비가 만드는 무지개와 바다의 물보라가 만드는 무지개가 동시에 만들어지면 무지개가 중간에 끊어진 듯한 모습이 되는 것이죠.

이 무지개는 실험으로 만들어 볼 수 있어요. 수돗물과 식염수를 각각 다른 분무기에 넣고 태양을 등지고 양손으로 동시에 분무하면 조금 어긋난 무지개가 나타납니다. 물에 녹아 있는 성분에 의해 무지개가 어떻게 달라지는지 관찰해 보는 것도 흥미롭겠지요.

> **깨알지식** 수돗물과 식염수를 사용한 무지개 실험은 물에 다 녹지 않을 만큼 대량의 소금을 넣어 진한 농도의 식염수를 만든 후에야 겨우 실험에 성공했어요. 바람이 강한 날에 실험하면 진한 농도의 소금물이 몸으로 날아와 끈적거릴 수 있으니 주의하세요!

쌍둥이 무지개

주무지개의 안쪽에 쌍둥이 무지개가 보이네요. 타원 형태의 비 입자에 의해 만들어지는 것으로 볼 수 있어요.

쌍둥이 무지개의 친구

주무지개의 끝부분이 어긋나 있네요. 바람 등의 영향으로 비 입자가 기울거나 수직 방향으로 긴 모양으로 변형됐기 때문일지 몰라요.

찰나의 순간, 하늘에 나타난 **끊어진 무지개**.

실험하기

둘 다 주무지개로 식염수가 만든 주무지개가 안쪽(왼쪽)에 생겼어요. **식염수는 식물과 금속에 뿌리지 않도록 주의해요.**

쉽게 만날 수 있는 하늘의 무지개 색 광환

태양과 달 주위에 나타나는 무지갯빛, **광환**. 물고기구름(권적운)과 양떼구름(고적운)의 물 입자가 빛을 회절시키며 만들어집니다. 이 광환도 직접 만들어 볼 수 있어요.

장마나 겨울에 집과 차의 창이 **결로**로 뿌옇게 흐려진 걸 본 적 있을 거예요. 결로가 된 물 입자는 구름 입자와 비슷한 크기여서 결로로 흐려진 창 너머의 가로등을 보면 광환을 관찰할 수 있어요. 마스크를 꼈을 때 안경이 뿌옇게 흐려지는 경우에는 **안경광환**을 볼 수 있습니다.

또 꽃가루에 의한 **화분광환**(《날씨 도감 1》 p.76)도 만들 수 있어요. 봄철 꽃가루가 날리는 시기에 기온이 높은 날 삼나무숲에 가서 꽃이 핀 가지에 비닐봉투를 씌우고 비비면 꽃가루를 얻을 수 있어요. 혹은 지면에 떨어진 꽃이 달린 가지를 봉투에 남고 밀봉한 채 태양광에 비추면 꽃이 피면서 꽃가루를 채취할 수 있습니다. 삼나무 꽃가루를 카드케이스에 넣고 밀봉하면 꽃가루카드가 완성됩니다. 이 꽃가루카드를 광원에 비춰 보면 화분광환이 나타납니다. 펜라이트 같은 점광원을 사용해 안전하게 광환만들기를 즐겨 보세요.

> **깨알지식** 꽃가루는 매우 작은 입자로 꽃가루카드를 만들 때 테이프를 붙여 두는 정도로는 완전히 밀봉이 되지 않아요. 접착제를 이용해 밀봉해 두세요. 꽃가루 알레르기가 있다면 크기가 약 60㎛의 아주 작은 입자를 가지고 광환카드를 만들어 보세요.

실험하기

안경광환

겨울에 마스크를 하고 있을 때 뿌예진 안경으로 광환의 무지개 색을 볼 수 있어요.

흐린 차창 너머로 보이는 **가로등광환**

불 켜진 아파트를 보면 어마어마한 수의 광환을 볼 수 있어요.

삼나무 꽃가루를 채집한 모습. 채취할 때는 꽃가루를 들이마시지 않도록 조심해요.

꽃가루카드

꽃가루카드 너머로 보이는 **화분광환**. 이 실험에서는 LED하이라이트를 사용했어요.

55

북유럽에서는 블루모멘트가 몇 시간이나 지속된다!

해가 뜨기 전이나 해가 진 다음 짧은 시간 동안 하늘이 부드러운 군청색으로 감싸인 듯한 때를 일컬어 **블루모멘트**(《날씨 도감 1》 p.88)라고 해요. 한국에서는 아주 짧은 시간 동안만 경험할 수 있는 이 군청색의 하늘이 북유럽 같은 고위도 지역에서는 몇 시간에 걸쳐 펼쳐집니다.

이러한 차이가 나는 원인은 지구의 자전과 관련된 **자전축**의 기울기에 있답니다. 지구는 태양 주위를 공전하고 있는데, 공전하는 축(공전축)보다 자전축은 약 23.5° 기울어져 있어요. 고위도(위도가 90°- 23.5°= 66.5° 이상) 지역에서는 여름에 접어들면 밤이 되어도 해가 지지 않는 시기가 있어요. 이 현상을 **백야**라고 하죠. 백야의 계절이 왔을 때, 고위도 지역보다 위도가 조금 낮은 북유럽 지역에서는 해가 완전히 지지 않으면서 밤하늘이 희미하게 밝은 상태(**박명**)가 지속되기 때문에 블루모멘트가 수 시간에 걸쳐 이어지는 것입니다.

백야와는 반대로 낮인데도 해가 져 어슴푸레하게 어두운 상태가 계속되는 **극야**라는 현상도 있어요. 태양이 떠 있을 때 하늘의 표정도 다채롭고 흥미롭지만, 군청 빛 하늘을 오래도록 바라보는 것도 멋진 경험이 될 거예요.

> **깨알지식** 지구가 자전하는 속도는 한국을 기준으로 시속 1,600km입니다. 더욱이 지구의 공전 속도를 시속으로 환산하면 무려 약 11만km입니다! 우리는 놀라운 속도로 움직이는 지구 위에 살고 있어요.

블루모멘트는 세상이 부드러운 군청색으로 감싸인 시간.

백야의 원리

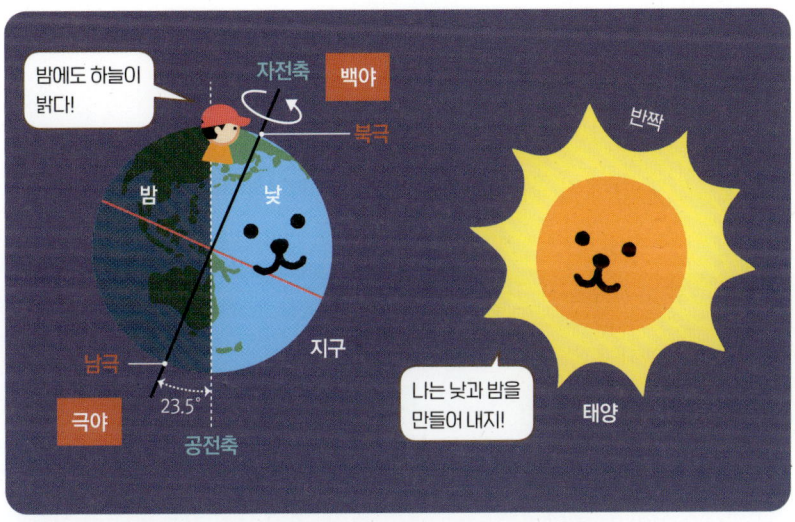

백야의 하늘

2021년 하지(6월 23일), 시간 23시 50분, 북극 부근의 하늘은 태양 빛을 받아 빛나고 있어요.

밤하늘에 떠 있는 마법 같은 빛기둥!

밤하늘에 마법 같은 빛기둥! 바닷가에서 관찰하기 쉬운 이 빛기둥은 **어화광주**라 부르는 현상이에요.

하늘에 떠 있는 구름 속 얼음 결정(**빙정**)이 육각형의 판 모양으로 수평선과 거의 평행으로 떠 있을 때, 광원에서 오는 빛은 빙정에 부딪혀 아래쪽으로 반사돼요. 이러한 현상으로 인해 해상의 어선에서 발하는 빛(**어화**)이 상공의 얼음구름에 반사되면서 어화광주가 만들어진답니다.

또 기온이 영하 10℃ 이하일 때 대기 중의 수증기가 승화하면서 빙정이 된 **세빙**(얼음알갱이)에 가로등 불빛이 비치면 반짝반짝 빛나는 **다이아몬드 더스트**와 함께 빛이 길게 뻗은 **빛기둥**(light pillar)이 만들어집니다. 무지개와는 다르게 빛이 굴절하지 않고 광원의 색이 그대로 빛기둥이 되기 때문에 환상적인 광경이 연출돼요.

계절과 장소에 상관없이 상공에 얼음구름이 있을 때면 낮게 뜬 태양에서는 **태양기둥**(sun pillar), 달이 떴을 때는 **달기둥**(moon pillar)이라 불리는 빛기둥을 볼 수 있어요. 태양기둥은 아침이나 저녁 해질 무렵 상층운이 떠 있다면 만나기 쉬우니 꼭 찾아보세요!

> **깨알지식**
> 방범창에 태양광이 비쳐 들어올 때 빛의 띠가 나타나요. 이런 띠는 철망 표면에서 태양광이 반사되면서 만들어지는데 태양이 정면에 있다면 태양의 상하좌우에 나타납니다. 상하로 비치는 빛은 **방범창태양기둥**이라 불러 볼까요? 태양을 직접 바라보지 않도록 주의하며 찾아보세요.

하늘에 떠 있는 마법 같은 빛, **어화광주**.
어화는 야간에 물고기를 유인하기 위해 어선에서 밝히는 불이에요.

가로등이 만드는 **빛기둥**(light pillar).

태양기둥은 전국 어디에서나 자주 볼 수 있어요.

집에서 볼 수 있는
방범창태양기둥.

방범창의 짜임 방향에 따라 태양 좌우로 빛줄기가 나타나는 방범
창환일환도 있어요.

관찰하기

59

초록빛으로 빛나는 태양! 그린플래시의 원리

이것을 본 사람에게 행복이 찾아온다고 알려진 초록색으로 빛나는 태양을 본 적 있나요? 그 이름은 바로 **그린플래시**!

가시광은 파장이 짧은 쪽인 보라부터 빨강까지 다른 색이 분포하고, 대기층을 통과할 때는 파장이 짧은 보라와 파랑일수록 강하게 산란하는 성질이 있어요**(레일리산란)**. 이 때문에 낮 시간에는 하늘이 파랗고, 아침과 저녁에는 붉게 물듭니다(《날씨 도감 1》 p.80~83). 가시광은 파장이 짧은 보라와 파랑일수록 대기에서 크게 **굴절**하는 성질도 있는데 태양광이 대기를 통과하는 거리가 최대일 때 가장 크게 굴절해요. 지평선에서 태양이 보이기 시작할 때, 관측자에게는 태양 상부에서 파랑과 초록색의 빛이 도달할 거예요. 그러나 파란빛이 더 강하게 산란하기 때문에 초록빛만 남는 그린플래시 현상이 일어나게 됩니다.

그린플래시는 바람이 잔잔하고 대기가 맑은 날, 해가 뜨고 질 때 바다에서나 만날 가능성이 있는 무척 드문 현상이에요. 일기예보를 미리 확인하고 조건이 맞는 날을 살펴서 촬영하는 행운을 잡아 보세요.

> **깨알지식** 지평선 부근에 태양의 윗부분이 보일 때와 태양의 일부가 산에 걸려 있는 순간에 어렴풋이 그린플래시처럼 초록빛으로 빛나는 현상을 발견할 때가 있어요. 이런 현상은 그린플래시가 나타나는 원리와 같아요.

그린플래시!

산으로 저무는 석양에 나타난 푸른색과 초록빛. 푸른빛은 **블루플래시**라 부르기도 해요. 그린플래시보다 만나기 어려운 현상이에요.

태양 바로 위로 초록빛이 보여요.

그린플래시의 원리

안개, 연무, 박무는 비슷해 보이지만 모두 다른 현상

안개, 연무, 박무⋯. 흔히 같은 의미로 혼용되는 단어지만 기상 용어로는 각각 다른 의미를 갖고 있어요.

먼저 **안개**는 작은 물 입자가 떠 있어 시정(목표물을 식별할 수 있는 최대 거리)이 1km 미만인 상태를 말해요. 그 실체는 지면에 접한 안개구름(**층운**)입니다. 안개는 야간에 열이 지면에서 하늘로 빠져나가는 **복사냉각** 때문에 기온이 내려가는데, 이 때문에 공기 중의 수증기가 응결되어서 생깁니다. 안개 속은 매우 습한 상태로 습도가 거의 100%입니다. 특히 앞을 거의 볼 수 없는 안개를 **농무**라고 해요.

농무가 만들어낸 운해.

안개는 다양한 조건에서 발생해요(《날씨 도감 1》 p.55). 안개(구름)와 비의 중간 정도 되는 크기의 물 입자가 내리는 것을 안개비라고 해요(《날씨 도감 1》 p.15).

안개가 자욱이 낀 아침.

연무로 탁한 하늘.

한편 **박무**는 물 입자와 함께 습기를 머금은 먼지(에어로졸)가 떠 있어 시정이 1km 이상, 10km 미만인 상태를 말해요. 박무가 피어오를 때는 대체로 하늘이 잿빛을 띠고 안개만큼 습하게 느껴지지는 않아요. 이들과는 달리 건조한 먼지가 떠 있으며 시야가 10km 미만인 상태를 **연무**라고 해요. 공식적인 기상 용어는 아니지만 **봄안개**라 부르는 현상도 있는데 박무나 연무와 비슷하게 멀리 경치가 뿌옇게 보이는 것을 말합니다. '하늘이 뿌옇다'라고 할 때 안개, 연무, 박무 중 어떤 상태를 뜻하는지 확인해 보세요.

깨알지식

봄안개라는 말에서 알 수 있듯 봄에는 가시거리가 짧은 날이 많아요. 이는 식물의 호흡(증산)이 활발하고, 밤낮의 기온 차가 커 물 입자가 만들어지기 쉽고, 황사나 바람 때문에 먼지가 일어나기 쉬운 계절 특성이 복합적인 원인이 되는 걸로 추측해요.

모래바람 때문에 하늘이 온통 노란색으로 물든다!

공기가 건조하고 강한 바람이 부는 날, 밭과 같은 평지에서 티끌과 모래먼지들이 춤추듯 일어나는 모습을 본 적 있나요? 이로 인해 일시적으로 시야가 나빠지는 현상을 **모래연무**(sand haze)라 하는데 큰 모래 입자가 날아오르는 경우 **높날림모래**, 이들이 대규모로 발생하면 **모래먼지폭풍**, **모래폭풍**이라고도 해요.

세계적으로 유명한 모래폭풍으로는 **하부브**를 들 수 있어요. 아프리카의 사하라 사막 같은 건조한 지역에서 발생하는 모래폭풍인데 적란운에 의한 강한 하강기류가 동반하는 돌풍(**다운버스트**, 《날씨 도감 1》 p.125) 때문에 발생한다고 알려져 있어요. 이처럼 모래폭풍은 여러 지역에서 하부브로 불리는데 하부브가 나타나면 큰 벽처럼 에워싸는 높날림모래에 의해 하늘은 갈색으로 뒤덮여 앞이 잘 보이지 않게 됩니다.

모래를 호흡기로 직접 마시거나 실내에 들어가면 악영향을 끼치고 세탁물도 오염시켜요. 근처에 밭이나 빈 땅이 있는 경우에는 주의가 필요합니다.

> **깨알지식** 모래연무와 높날림모래, 모래폭풍의 사진을 찍을 때는 마스크와 고글로 몸을 보호해야 해요. 또 카메라 내부에도 모래가 들어갈 수 있으므로 철저한 준비가 필요해요. 반드시 찍어야 하는 상황이 아니라면 촬영은 권하고 싶지 않네요.

모래폭풍이 벽처럼 일어난 하부브. 휩쓸렸다가는 황토빛의 모래 세계로….

봄철에 중국이나 몽골에서 시작돼 편서풍을 타고 날아와 우리나라에도 영향을 주는 황사 역시 모래폭풍의 영향이에요.

출처: NASA

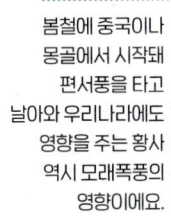

황사로 탁해진 서울 하늘.

65

달 표면에도 지명이 있다

밤하늘에 빛나는 달에서는 토끼와 같은 모양을 볼 수 있어요. 이것은 달 표면의 지형에 의한 것으로 여러 이름이 붙여져 있습니다.

달 표면에는 운석(별똥별) 등의 충돌에 의해 생긴 둥근 분지인 **크레이터**(crater)가 많은데 천문학자와 우주비행사의 이름을 따와 지명을 붙였어요. 빛을 거의 반사하지 않아 검게 보이는 부분은 달의 **바다**라고 불리며 지구에서 볼 수 있는 달 앞부분의 35%를 차지하고 있어요. 이 바다가 **달토끼** 모양인 것인데 그 대부분은 38억 년보다 훨씬 전에 거대 운석의 충돌로 흘러나온 용암이 크레이터를 채워서 만들어진 것으로 알려져 있답니다.

또한 상현달(반달)일 때 달 표면의 산맥이 햇빛을 반사하면서 그 모양이 마치 알파벳 글자처럼 보일 때가 있습니다. 그중에는 하트 모양으로 보이는 부분도 있습니다.

달토끼는 육안으로도 볼 수 있는데 망원경을 사용하면 달토끼 모양 부근의 달 표면을 자세히 관찰할 수 있습니다. 달의 모양 변화를 살피는 것도 밤하늘을 바라보는 즐거움이 되겠죠?

> **깨알 지식**
> 달토끼는 한국 외에도 중국, 인도 등 아시아, 유럽, 미국에서도 잘 알려져 있습니다. 달의 모양을 보는 방법은 지역마다 전해지는 이야기에 따라 다른데 중국의 한 지방에서는 개구리와 게로, 아라비아반도에서는 사자로, 남미에서는 성게 모양으로 본다고 해요.

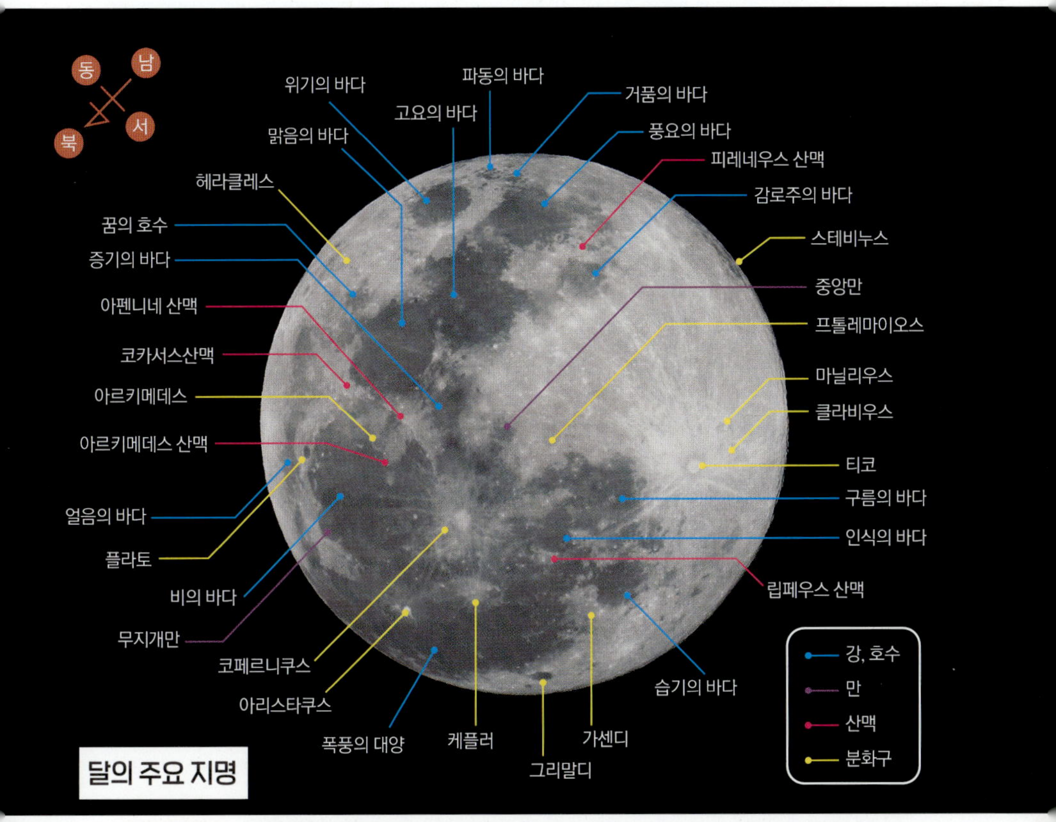

달의 주요 지명

- 동, 남, 서, 북
- 위기의 바다
- 파동의 바다
- 거품의 바다
- 맑음의 바다
- 고요의 바다
- 풍요의 바다
- 피레네우스 산맥
- 헤라클레스
- 감로주의 바다
- 꿈의 호수
- 스테비누스
- 증기의 바다
- 중앙만
- 아펜니네 산맥
- 프톨레마이오스
- 코카서스산맥
- 마닐리우스
- 아르키메데스
- 클라비우스
- 아르키메데스 산맥
- 티코
- 얼음의 바다
- 구름의 바다
- 플라토
- 인식의 바다
- 비의 바다
- 립페우스 산맥
- 무지개만
- 코페르니쿠스
- 아리스타쿠스
- 습기의 바다
- 폭풍의 대양
- 케플러
- 가센디
- 그리말디

범례:
- 강, 호수
- 만
- 산맥
- 분화구

관찰하기

달 표면의 색은 암석의 종류에 따라 다르고, 검은 바다는 어두운 색의 현무암, 흰색으로 보이는 지역은 흰색 사장암으로 이루어져 있어요.

상현달 표면의 X와 LOVE, 하트 모양

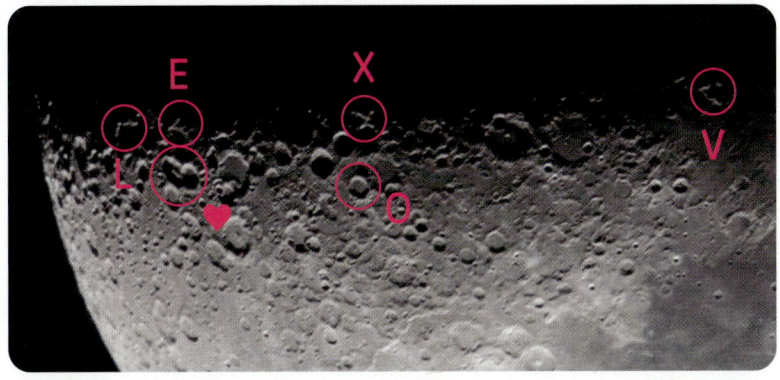

상현달은 달이 지평선을 넘어갈 때 표면의 패인 곳(활시위)이 위로 위치하는 반달을 말해요. 하현달은 이와 반대로 달이 저물어 패인 곳이 아래쪽을 향하는 반달이에요.

지구에서 반사한 빛이
달을 비추는 지구광의 매력

달이 차고 기우는 것은 달이 지구의 주위를 돌면서 태양광을 반사해 빛나기 때문이에요. 한편 새 달이 뜨는 전후, 가늘어진 달의 지구 그림자에 가려진 부분이 희미하게 빛을 낼 때가 있습니다. 이를 **지구광**이라고 해요.

지구광은 태양으로부터 온 빛이 지구에 반사되어 달에 도달하고 이 빛이 다시 달 표면에서 반사되어 지구에 돌아오면서 관측돼요. 지구에서 보내는 빛이 달을 비추기 때문에 지구광이라 불리는 것이죠. 달이 가늘면 달에서 보이는 지구가 보름달과 유사한 '보름지구'에 가까운 상태이기 때문에 지구에서 보내는 빛을 받는 면적이 넓어지고, 달이 밝게 빛나는 부분이 적기 때문에 지구광을 더욱 보기 쉬워지는 것입니다. 겨울철에 공기가 건조하고 맑은 날이 계속될 때는 초저녁에 가늘게 뜬 달과 함께 지구광도 쉽게 관찰할 수 있습니다.

최근 스마트폰은 고감도의 카메라 기능이 있어서 손쉽게 지구광을 찍을 수 있어요. 달이 차고 기우는 시기와 전국에서 달이 뜨고 지는 시각은 한국천문연구원 홈페이지에서 확인할 수 있습니다. 가느다란 달이 뜨는 날에는 지구광을 관찰하며 지구와 달 사이를 오가는 빛을 느껴 보세요.

> **깨알 지식** 달의 크레이터와 바다는 1609년에 천문학자 갈릴레오 갈릴레이가 제작한 20배율 망원경을 사용해 발견했어요. 지금은 스마트폰용 망원렌즈도 10~20배율에 달하기 때문에 쉽게 달 표면을 관찰할 수 있는 멋진 시대가 되었습니다.

관찰하기

지구 그림자로 달의 가려진 부분이 희미하게 빛나는 지구광.

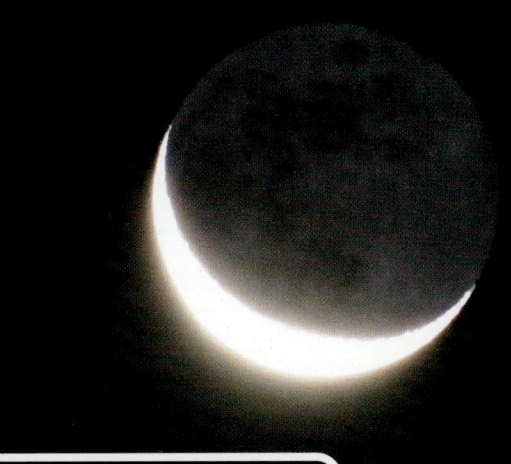

해가 진 후 하늘에 떠오른 가느다란 달에 지구광이 비친 모습.

지구광의 원리

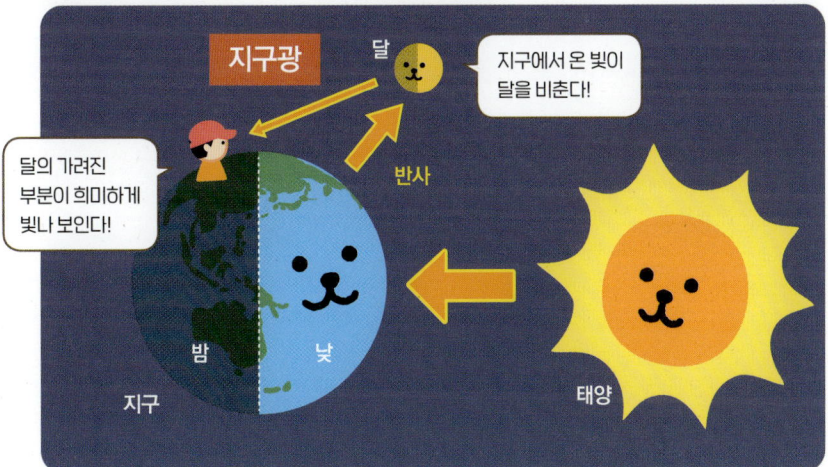

CHAPTER 2
28

지구의 하늘이 개기 월식 중인 달을 붉게 만든다

보름달이어야 할 달이 그림자로 가려지는 **월식**은 예로부터 불길함의 상징으로 여겨져 왔어요. 하지만 그 원리를 알게 된 현대에 와서는 주목받는 천체 이벤트가 되었답니다.

월식은 태양과 지구, 달이 일직선상에 놓일 때 일어나요. 지구의 그림자에는 태양광이 거의 사라진 **본영**과 본영을 에워싼 엷은 **반영**이 있어요. 본영에 달의 일부가 들어가는 것이 **부분 월식**, 달이 전부 들어가는 것을 **개기 월식**이라고 합니다. 개기 월식 중의 달은 적동색으로 물드는데, 이것은 지구를 에워싼 대기를 통과하는 태양광이 **레일리산란**의 영향을 받아 아침노을이나 저녁노을과 같은 원리(《날씨 도감 1》 p.82)로 붉은빛만 남아 대기에 의해 굴절돼 달에 도달하기 때문입니다. 또 부분 월식 때 그림자에 가려진 부분에는 성층권의 오존층에서 푸른빛을 제외하고 다른 빛들이 모두 흡수되면서 발생하는 **터쿼이즈 프린지(turquoise fringe)**라 불리는 푸른 띠도 볼 수 있습니다.

앞으로 월식이 일어날 날짜와 시간은 한국천문연구원 홈페이지에서 확인할 수 있습니다. 관찰할 기회를 놓치지 말고 밤하늘의 이벤트를 즐겨 보세요!

> **깨알지식** 개기 월식에 보이는 적동색은 레일리산란에 때문에 나타나고, 지구의 하늘이 탁할수록 검붉어져요. 월식의 색은 프랑스의 천문학자 앙드레 당종(André-Louis Danjon)이 고안한 당종 분류표로 분류됩니다.

부분 월식 때 어둠 속으로
사라지는 달을 보면
가슴이 뛰어요!

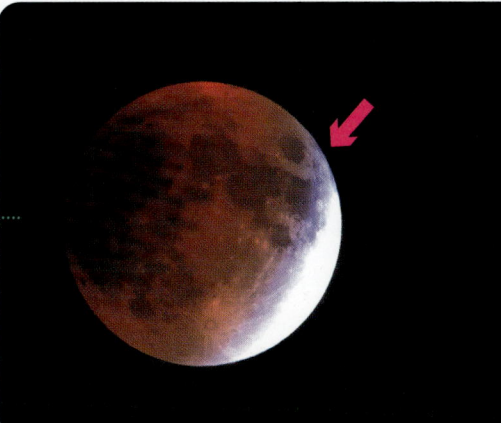

부분월식으로 테두리가 파랗게
보이는 **터쿼이즈 프린지**.

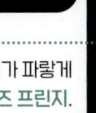

개기 월식 때 적동색으로
물든 달의 모습.

개기 월식 때 달이 붉어지는 이유

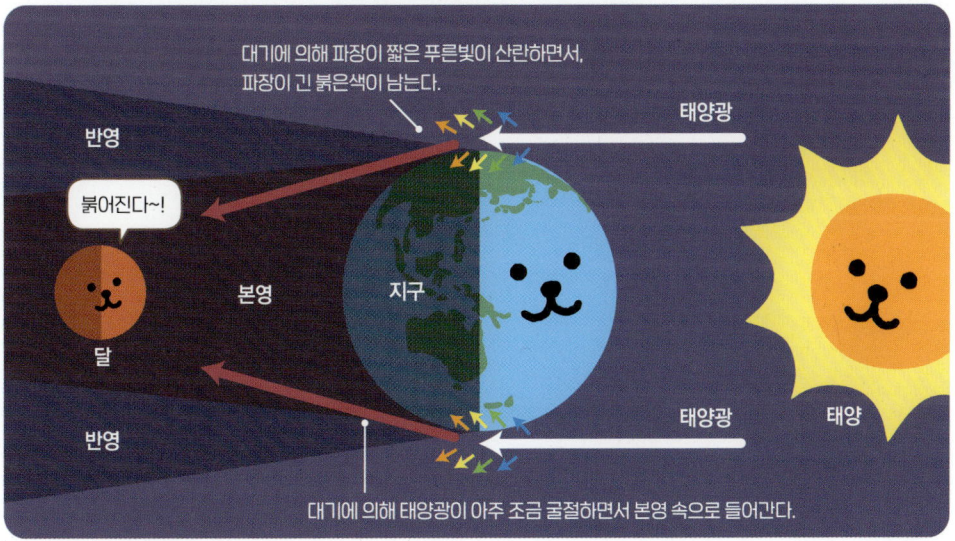

CHAPTER 2
29

화성의 석양은 푸른색이다

우리는 석양이 붉은색이라는 걸 당연하게 생각하죠. 그런데 **화성의 석양은 푸른색**이라는 걸 아나요?

지구에서는 태양 고도가 낮아지면 태양에서 나오는 가시광이 대기층을 통과하는 거리가 길어지면서 공기 분자와 대기 중의 작은 먼지에 의해 파장이 짧은 푸른빛이 강하게 산란하기 때문에 붉은빛만 남게 됩니다. 이것을 **레일리 산란**이라고 해요. 이와 달리 화성은 대기가 매우 희박하고(지구에 비해 약 1%의 기압), 항상 모래가 하늘을 떠다니고 있어요. 이 모래가루는 붉은빛의 파장과 거의 비슷한 크기가 많아 붉은빛이 강하게 산란(**미(mie) 산란**)하기 때문에 석양이 푸른빛으로 보이게 돼요. 반대로 낮에는 모래가루로 인해 붉은빛이 하늘에서 산란하기 때문에 화성의 하늘은 붉은색을 띠게 된답니다.

화성에서는 NASA(미항공우주국)의 화성탐사선이 **햇무리(헤일로)**와 지구의 고위도 지역에서 볼 수 있는 무지개 색인 **진주모운**도 촬영했어요. 멀리 떨어져 있는 별에서도 지구에서 일어나는 것과 같은 현상들이 발생한다고 생각하니 가슴이 뛰네요!

깨알지식 — 지구의 눈과 비는 물로 이뤄져 있다는 것은 상식입니다. 그런데 금성에서는 황산으로 이뤄진 구름에서 황산비가 내린다는 걸 아나요? 가스로 이뤄진 혹인 목성에서는 구름이 암모니아로 이뤄져 있어 구름에서 번개가 발생하는 것으로 알려져 있답니다.

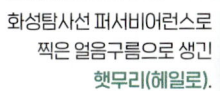

NASA의 화성탐사선 큐리오시티가 찍은 **푸른 석양**.

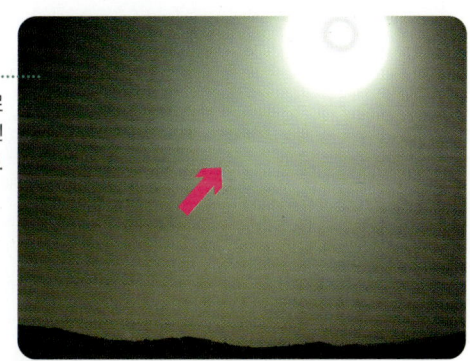

화성탐사선 퍼서비어런스로 찍은 얼음구름으로 생긴 **햇무리(헤일로)**.

화성탐사선 큐리오시티가 촬영한 **진주모운**. 구름 입자의 크기가 고를 때는 무지개 색을 띠어요.

COLUMN 2

국립기상과학원은 어떤 곳인가요?

"저는 국립기상과학원이라는 곳에서 일하고 있습니다"라고 말해도 일반인들은 실제로 무슨 일을 하는지 잘 알지 못할 것 같아요. 이 기회를 빌려 이곳이 어떤 곳인지 간략히 소개해 보겠습니다.

국립기상과학원은 기상 업무에 관한 기술을 고도화하기 위한 연구와 개발에 힘쓰는 기상청의 부속 연구기관입니다. 기상 관측과 예측 기술, 호우와 태풍, 기후와 환경, 그리고 지진과 해일, 화산에 이르는 연구 분야가 있고, 저는 태풍과 재해를 일으키는 구름의 원리를 연구하고 있습니다. 대형 재해가 발생하면 그 매커니즘을 조사해 기상청과 국립기상과학원에서 보도, 발표하고 있으며, 호우와 강설을 정확하게 예측하기 위한 기술 개발도 중요한 업무 중 하나예요. 저는 앞서 예보 현장에서 일했던 경험을 살려, 연구 결과가 예보 현장에서 잘 사용될 수 있도록 연계하는 활동을 하고 있어요.

평소에는 연구실에 틀어박혀 연구에 몰두하는 일상을 보내고 있지만 때때로 야외에서 기상 관측을 해야 할 때도 있고, 가까운 곳에서 적란운이 발달하거나 무지개가 나타날 법한 날에는 자연스럽게 옥상으로 올라가 기상 상황을 관측하기도 합니다.

왼쪽: 구름을 연구하는 사람인 제 연구실에는 구름으로 가득해요.
오른쪽: 무지개가 나타나면 어느새 연구자들이 옥상으로 모여들어요.

욕실에서 쉽게 이해하는 비구름의 원리

하루를 마치고 따뜻한 물에 목욕할 때 그날의 피로가 말끔히 풀리죠. 목욕 시간이 더 즐거워지는 방법을 알려드릴게요. 그것은 바로 **욕실에서 비구름을 만들어 보는 것**입니다.

욕조에 따뜻한 물을 받은 뒤 환풍기를 끄고 욕실에 들어가 보세요. 잠시 후면 벽과 천정에 물방울이 맺히는 걸 확인할 수 있을 거예요. 이러한 물방울 맺힘은 따뜻한 물에서 열과 수증기를 공급받고 데워진 욕실 안에 습한 공기가 벽과 천정에 의해 냉각되고 포화해 발생한 것입니다. 물 입자는 수증기를 흡수하면서 점점 커져요**(응결)**. 여기에 입김을 불어주면 큰 물 입자가 다른 입자를 흡수하면서 급속하게 성장하고**(충돌·병합)**, 무거워지면서 결국 떨어지게 됩니다. 이는 실제로 **구름이 만들어지고 비가 내리는 원리와 같습니다.** 응결하며 성장한 구름 입자가 곧바로 비 입자가 되어 크기가 다른 입자들이 부딪히면서 급성장하는 과정이라고 볼 수 있어요.

따뜻한 물에서 올라오는 수증기도 구름의 일종이라 할 수 있으니 욕실은 구름의 원리를 체험하기에 최적의 장소랍니다. 구름의 원리를 살펴보느라 시간 가는 줄 모르고 목욕시간이 길어지지 않도록 주의하세요!

> **깨알 지식**
> 비의 충돌·병합은 비닐우산에 맺힌 비 입자들이 부딪히며 떨어질 때, 혹은 이동하는 자동차나 지하철 창밖으로 공기 저항을 받은 비 입자가 부딪히며 날아가는 모습에서도 확인할 수 있어요. 비 오는 날 입자들이 어떻게 움직이고 성장하는지 관찰해 보세요!

실험하기

응결하며 커진 천정의 물 입자에 입김을 불면,

충돌·병합으로 급성장하면서 비가 내려요!

※ 천정에 입김을 부는 것은 위험할 수 있으니, **욕실 벽**이나 거울로 실험해 보세요.

비가 오는 날, 우산 위로 흘러내리는 빗방울의 움직임이 모두 달라 한없이 보게 되네요.

구름과 비 입자가 성장하는 원리

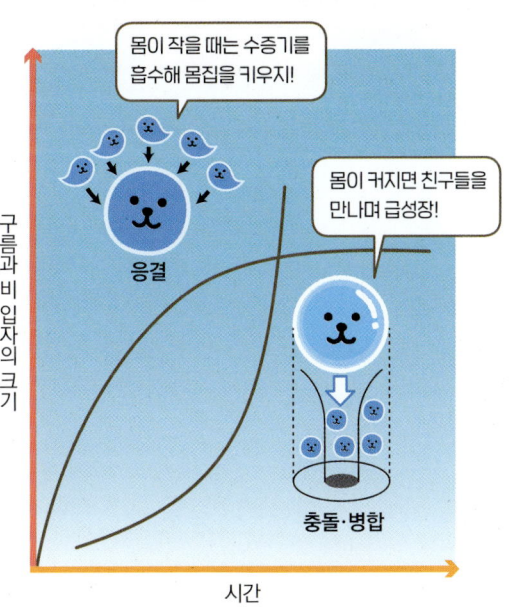

몸이 작을 때는 수증기를 흡수해 몸집을 키우지!

응결

몸이 커지면 친구들을 만나며 급성장!

충돌·병합

구름과 비 입자의 크기

시간

주먹만 한 빗방울은 왜 떨어지지 않는 걸까?

하늘에서 어마어마하게 큰 빗방울이 떨어지는 것을 본 사람은 아무도 없을 거예요. 그 까닭은 비 입자가 어느 정도 크기까지 성장하면 다시 **분열**하기 때문입니다.

비 입자는 물방울 모양으로 묘사되기도 하지만 실제로 작은 비 입자는 액체가 표면을 되도록 작게 만들려는 성질(**표면장력**)에 의해 구의 형태를 하고 있어요. 이 입자들이 다른 입자와 결합해 커지면, 떨어지는 중에 아래쪽에서 공기 저항 때문에 힘이 가해지면서 만두 모양이 됩니다. 더 커지면 분열할 확률이 높아지고 입자는 더 많이 휘어지다가 결국 작은 입자로 나뉘게 되죠. 비 입자끼리 충돌하고 분열할 때도 있고, Neck형, Sheet형, Disk형 등 몇 가지 패턴으로 변형됩니다.

이처럼 비 입자들은 구름 속에서 성장하고 부딪히며, 결합했다가 분열되는 과정을 겪으면서 하늘을 여행한답니다. 비가 내리는 하늘에서 전개되는 드라마를 같이 상상해 봐요.

> **깨알지식**
> 비 입자는 반지름이 약 3mm가 되면 분열하기 때문에 4.5mm 이상의 입자는 거의 만들어지지 않는다고 알려져 있어요. 그렇지만 겨울철 북쪽 내륙지방에서는 약 4.6mm의 비 입자가 관측된 적도 있어요! 아마도 거대한 함박눈이 녹아 만들어진 빗방울일 것으로 추측하고 있답니다.

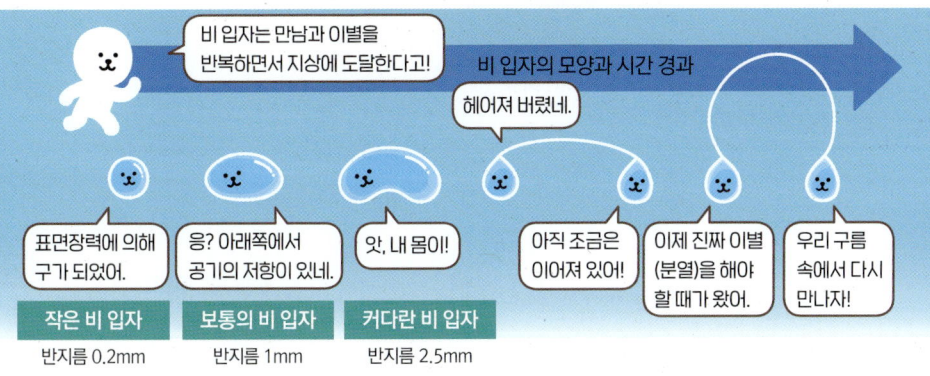

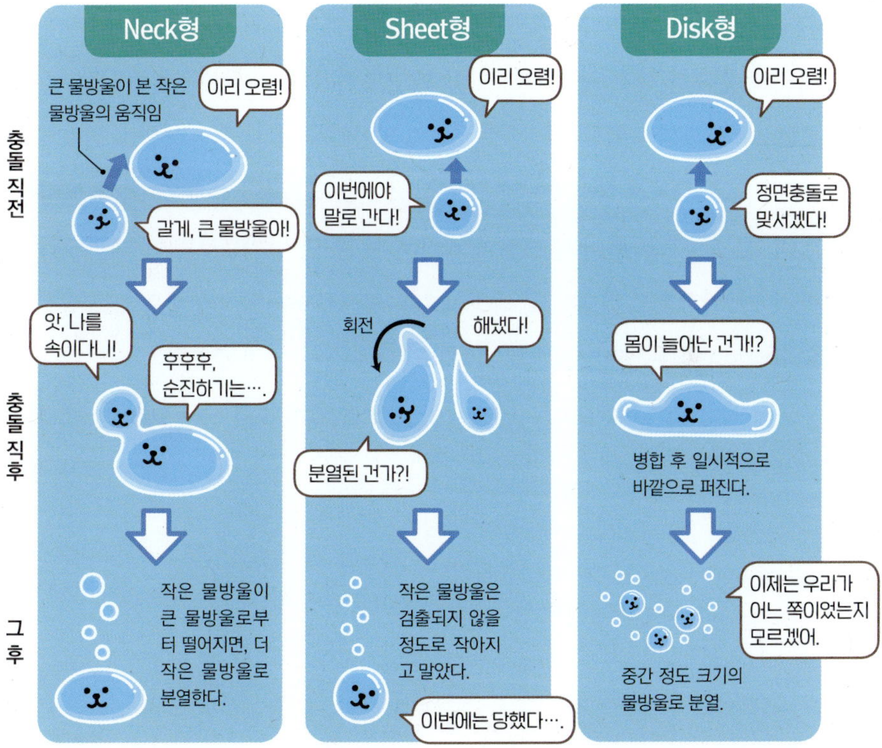

CHAPTER 3
32

눈 결정이 육각형인 과학적인 이유

눈 결정은 여러 종류가 있는데 그중에서도 가장 많이 떠올리게 되는 모양은 육각형이죠. **눈 결정이 육각형 모양**인 데는 과학적인 이유가 있습니다.

눈 결정은 작은 얼음 결정이 수증기를 흡수하면서 성장(**승화성장**)한 것으로, 약 0.2mm 이상인 크기의 결정을 **눈 결정**이라고 하고 그 미만을 **빙정**이라고 해요. 수증기도, 빙정도 **물 분자**(H_2O)로부터 만들어지고, 물 분자는 하나의 산소 원자와 2개의 수소 원자가 결합해 만들어져요. 물은 물 분자끼리 붙을 때 산소 원자와 다른 물 분자의 수소 원자가 연결되는 것이 특징이에요(**수소 결합**). 물 분자끼리 결합해 안정된 구조의 빙정이 되면, 그 형태가 수소 원자가 육각형으로 겹쳐진 육각기둥입니다. 이 빙정은 승화성장할 때, 기온에 따라 횡(수평) 방향으로 뻗어 판 모양이 되거나, 종(수직) 방향으로 뻗어 기둥 모양이 돼 2가지 형태로 나뉘어요. 빙정의 기본 형태가 육각형이기 때문에 눈 결정도 육각형이 되는 것이죠.

눈 결정은 스마트폰으로도 촬영이 가능하니(《날씨 도감 1》 p.108) 눈 내리는 날 꼭 찍어 보세요!

> **깨알지식** 전체 모양이 육각형을 이루면 모든 물체는 안정되기 쉽다고 알려져 있죠. 반구 형태의 용기에 유리구슬 같은 작은 구를 몇 개 넣어 굴리면 용기의 바닥에서 구가 육각형의 모양을 이루며 구릅니다. 정말로 그런지 확인해 볼까요?

물 분자와 빙정의 구조

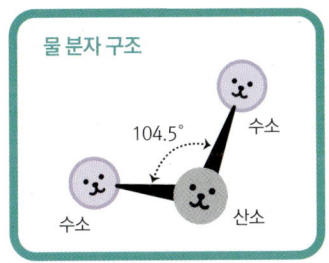

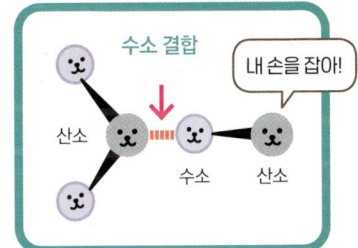

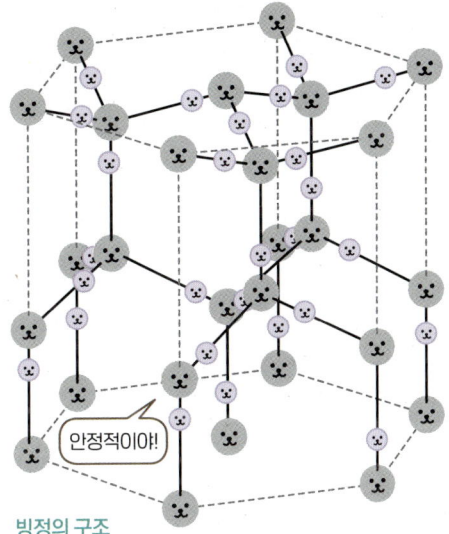

관찰하기

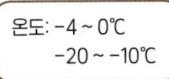

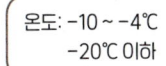

온도에 따라 눈 결정은 판 모양, 기둥 모양이 돼요

CHAPTER 3

33 빨간색, 파란색, 초록색 다양한 색의 눈

겨울 풍경 하면 역시 **하얀 눈**이 쌓인 모습이 떠오릅니다. 눈은 일반적으로 하얀색이지만 푸른색과 붉은색, 초록색인 눈도 있답니다.

얼음이 투명한 이유는 빛이 얼음을 통과할 때 굴절되긴 하지만 입사된 모든 빛이 빠져나오기 때문입니다(**투과**). 그런데 두껍게 쌓인 눈 입자는 빛의 색을 여러 방향으로 반사(**난반사**)하기 때문에 눈이 하얗게 보이는 것이죠. 또 눈에 구멍을 파면 파랗게 보일 때가 있는데 이것은 물과 얼음에 파장이 긴 붉은빛을 흡수하는 성질이 있기 때문입니다.

관찰하기

쌓인 눈에 삽을 밀어 넣으면….

흰 눈과 파란 눈

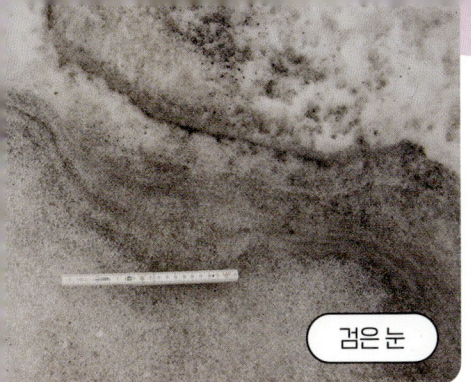

검은 눈

일본, 황사, 유기질이 원인.

갈색 눈

중국, 황사가 원인.

빨간 눈

알래스카, 빙설 플랑크톤이 원인.

초록 눈

일본, 빙설 플랑크톤이 원인.

특히 구름 입자가 붙어 있지 않은 결정(《날씨 도감 1》 p.106)인 쌓인 눈에서는 투과하는 빛이 증가하고 붉은빛을 흡수하는 정도가 배가되면서 **파란 눈**이 된다고 여겨져요.

특히, 혼합물(불순물)일 경우 특정 색이 흡수되면서 흡수된 색깔로 보이는 **채설**이 되기도 해요. 산불처럼 물체가 연소할 때 나오는 매연(**흑색 탄소**)이 섞여 있으면 검은 눈, 봄에 하늘을 뒤덮는 황사 철에는 갈색 눈이 돼요. 눈 속에 **플랑크톤**이라는 미생물이 증가하면 **빨간색 눈**, **황색 눈**, **초록색 눈**이 될 수도 있답니다. 눈의 세계도 참 다양하죠!

깨알 지식 물과 얼음이 가진 붉은빛을 흡수하는 성질로 바다가 푸른 이유도 설명할 수 있어요. 얼음으로 만든 커다란 조각상과 얼어붙은 폭포, 빙하의 물, 크레바스(설산이나 빙하에 생기는 커다란 틈) 등이 파랗게 보이는 것도 이 때문입니다.

공기가 없다면 지구의 온도는 영하 18℃!

기상을 좌우하는 **기온**의 원천은 태양에서 발산하는 에너지(**태양 복사**)입니다. 하지만 지구에 공기가 없다면 극한의 세계가 될 수 있어요!

지구에 도달하는 태양 복사를 100%라고 할 때, 30%는 대기와 구름, 지표면의 눈 등에 의해 반사, 산란하며 우주로 되돌아가요. 남은 70% 중에서 20%가 구름과 공기, 50%가 지표를 데워요. 한편, 지구도 적외선을 통해 에너지를 방출(**지구 복사**)해요. 이것을 공기에 포함된 수증기와 이산화탄소, 메탄 등 **온실가스**가 흡수, 재방출하면서 지표를 데우게 됩니다(**온실효과**). 이러한 과정을 거쳐 지구에서 우주로 빠져나가는 에너지가 태양 복사의 70%와 균형을 이루게 되며, 지표의 평균 온도는 약 15℃가 유지되죠. 온실효과가 없는 조건에서 지표의 온도를 계산해 보면 온도는 영하 18℃로 떨어진답니다.

그런데 산업혁명 이후 이산화탄소의 배출량이 늘어나면서 앞에서 언급한 기온의 균형 관계가 무너지고 있어요. 약 200년 전과 비교해 보면 현재 지구의 기온은 약 1℃ 이상 상승했어요. 수치만 보면 큰 차이가 없는 것 같지만, 단 1℃의 상승으로도 **지구온난화**로 인한 호우와 무더위 같은 이상 기후가 늘고 있습니다.

> **깨알지식** 온도를 가진 물체는 전자파를 방출(**복사**)하고, 온도가 높을수록 전자파의 파장은 짧아지는 성질이 있어요. 검 같은 철에 열을 가해 보면 검은색에서 붉은색(~약 850℃), 주황색(~1,000℃), 황색(~1,200℃)으로 변해요.

지구의 온도가 유지되는 원리

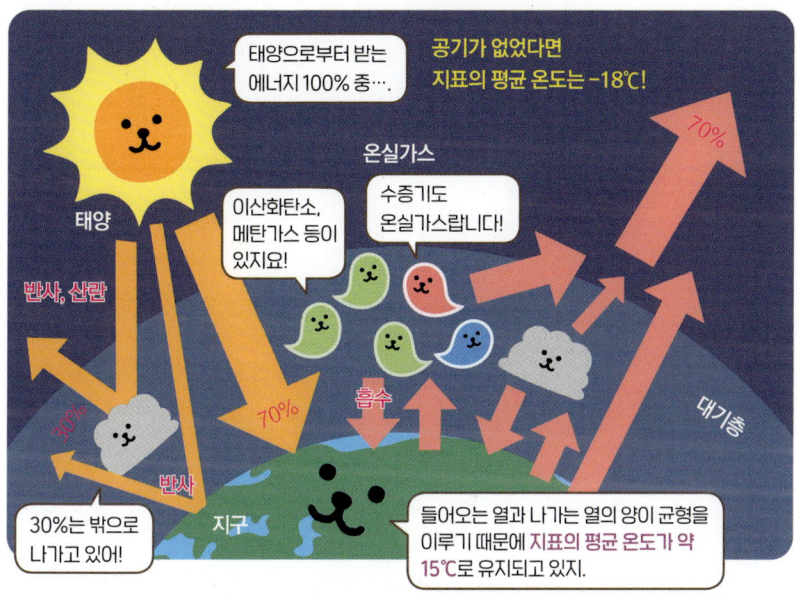

지구온난화의 원리

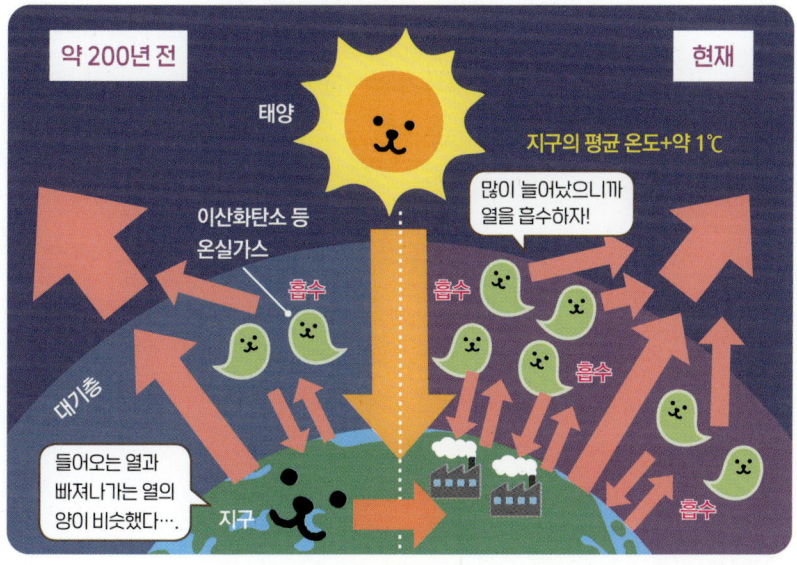

CHAPTER 3
35

물은 모습을 바꾸며 지구를 여행 중이다

물의 혹성이라고 불리는 **지구**. 지구의 표면은 70%가 바다이고, 30%가 육지예요. 지구 전체적으로는 약 14억㎦의 물이 있고, 그중 약 97%가 바닷물, 약 3%가 북극과 남극의 빙상, 빙하, 지하수, 호수와 하천 등입니다. 대기 중의 물(수증기)은 지구 전체 물 중에 고작 0.001% 정도지만 지구상의 물 흐름을 좌우한답니다.

바다에서는 대량의 물이 증발해 대기 중에 수증기로 방출되고 있는데 이 증발량은 연간 4.5만㎦로 1년 동안 해수면의 높이를 무려 1.2m나 낮출 수 있는 정도의 양이에요. 이렇게 많은 양의 물이 증발해 구름이 되었다가 비와 눈이 되어 육지에 내리고, 하천으로 흘러 가거나 지면에 흡수되어 바다로 돌아갑니다. 지구상에 있는 물의 총량은 변하지 않지만 물은 그 모습을 바꾸며 지구를 여행하고 있는 것이죠. 해수가 증발할 때 염분은 함께 증발하지 않기 때문에 구름과 비는 염분이 거의 없어요.

이처럼 물이 지구를 돌고 도는 모습을 **물의 순환**이라고 합니다. 우리가 먹는 물도 이전에는 하늘에 떠 있었다고 생각하니 참 신기하네요.

> **깨알 지식**
> 지구상에 존재하는 물 중 우리 인간이 이용할 수 있는 양(얼음 이외의 상태로 지상에 있는 염분을 포함하지 않는 물)은 겨우 0.008% 정도예요. 지구상 물의 양 전체를 욕조 하나로 보았을 때, 숟가락 하나 정도의 양이라고 할 수 있죠. 물의 귀중함을 다시 한번 생각해 봅니다.

지구의 물 분포

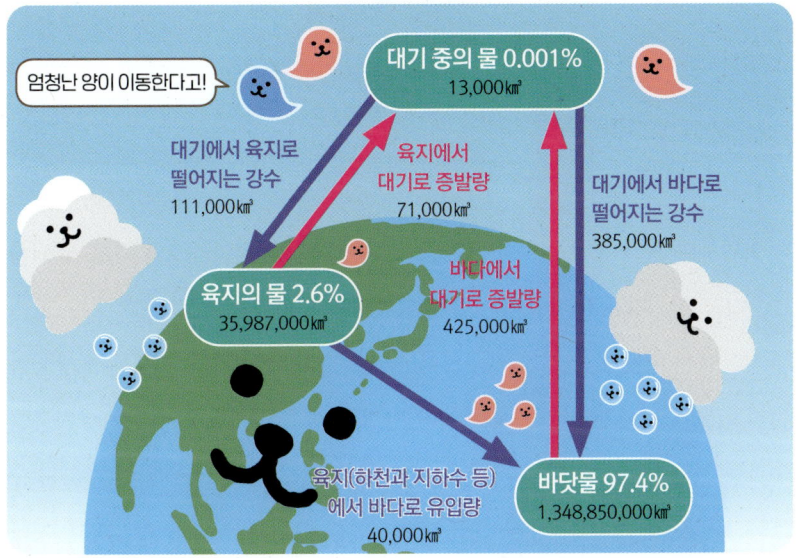

화살표에 쓰인 숫자는 1년간 이동하는 물의 부피

몇 번이고 다시 태어나며 모습을 바꾸는 물의 순환

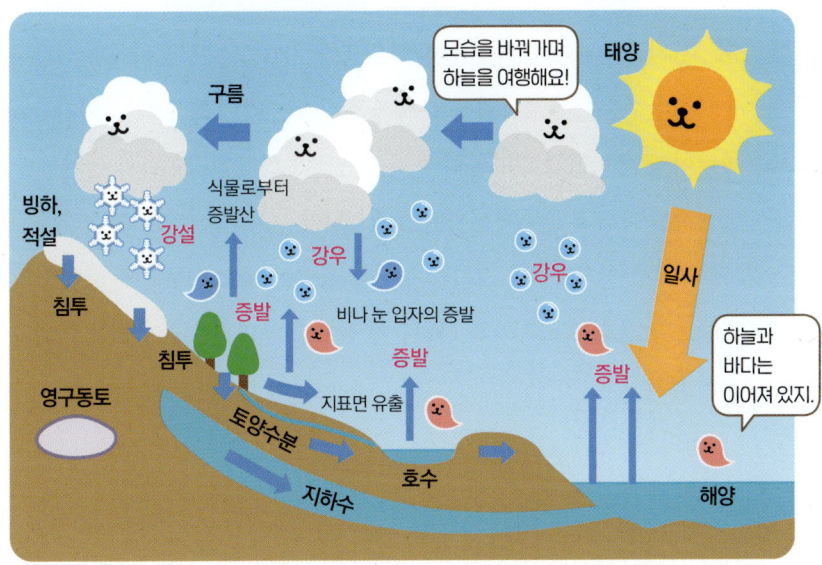

일기예보의 주연은 저기압과 고기압

주위보다 기압이 낮은 곳을 **저기압**, 높은 곳을 **고기압**이라고 불러요. 날씨를 좌우하는 저기압과 고기압이 어떻게 생겨나는지 이야기해 볼까요?

지상에서 따뜻해진 공기는 팽창하면서 밀도가 낮아져요. 지상에서 상공까지의 밀도가 낮아진 공기는 주위보다 가볍기 때문에 지표에 가까운 공기층을 누르는 기압이 낮아지면서 저기압이 형성됩니다. 반대로 차가워진 공기는 수축하고 밀도가 커져요. 상공에서 수축한 만큼 주변의 공기가 유입되고, 지상에서 상공까지의 공기가 무거워지기 때문에 지상 기압이 높아지면서 고기압이 형성되죠.

고기압에서 저기압으로 공기가 흘러가기 때문에(《날씨 도감 1》 p.127) 지상에서는 저기압일 때 바람이 흘러 들어오고, 공기가 모여 상승기류가 생깁니다. 이에 따라 구름이 발생하면서 날씨가 흐려지는 거예요. 반대로 고기압에서는 바람이 흘러 나가고 그만큼의 공기를 채우기 위해 하강기류가 생겨서 구름이 발생하기 어렵고 날씨도 맑아지는 것입니다.

일기예보에서 저기압이나 고기압에 대한 설명이 나오면 무거운 성격을 가지고 하늘을 맑게 하는 고기압과 가벼워진 몸으로 날씨를 흐리게 하는 저기압을 상상해 보세요.

> **깨알 지식**
> 저기압과 고기압은 주위보다 기압이 낮거나 높은 상태를 말해요. 그 때문에 저기압의 중심 기압이 같은 일기도 안에서 고기압의 중심 기압보다 높을 수 있는 것이죠. 기압의 수치에 주목하며 일기도를 살펴보세요.

저기압과 고기압의 원리

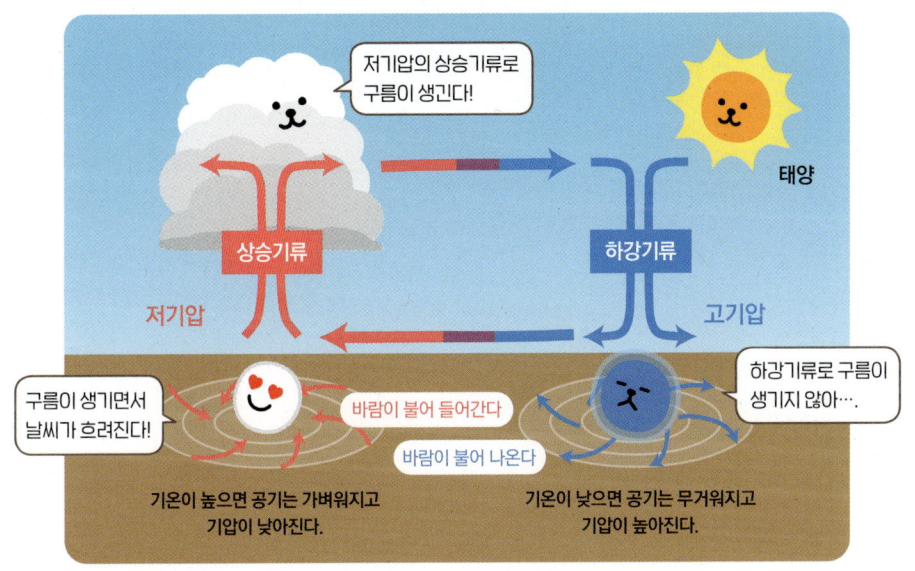

저기압, 고기압과 구름

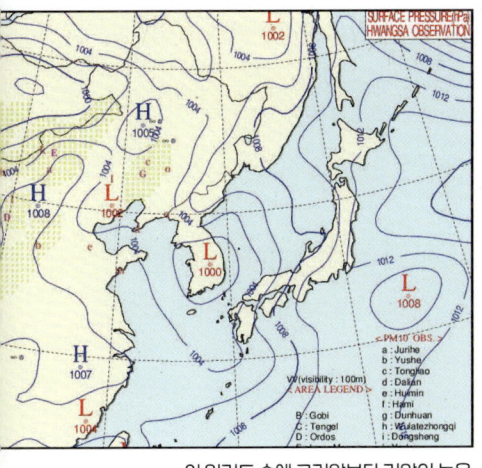

이 일기도 속에 고기압보다 기압이 높은 저기압이 있다?!

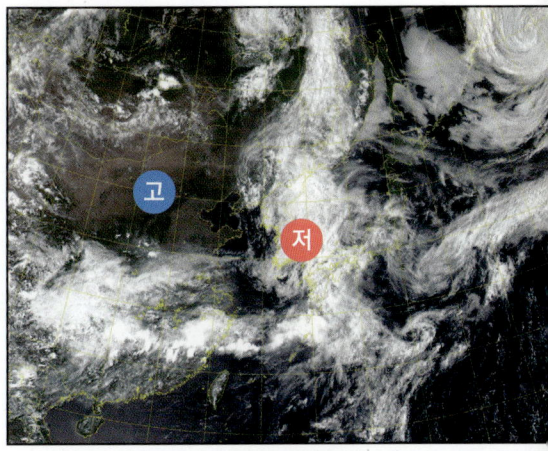

저기압 주변에는 구름이 있고, 고기압 주변은 맑아요.

CHAPTER 3

37 저기압의 소용돌이 방향은 지구 자전에 의해 결정된다

한국 주변에서 저기압의 소용돌이는 시계 반대 방향으로 돌고 있어요. 이 소용돌이의 방향은 지구의 **자전**과 깊은 관련이 있답니다.

북극에 있는 사람이 물건을 던졌다고 가정해 볼게요. 우주에서 보면 물건은 던진 사람으로부터 직선 방향으로 멀어지고 있지만, 지구의 자전과 함께 돌고 있는 사람의 눈에는 물건이 오른쪽으로 휘면서 나아가는 것처럼 보일 거예요. 이처럼 북반구에서는 지구의 자전으로 인해 진행 방향이 오른쪽으로 치우치는 힘이 작용합니다. 이것을 **코리올리 힘**이라고 해요. 이 힘 때문에 저기압의 중심으로 향하는 공기는 오른쪽으로 휘어지고, **저기압은 반시계 방향의 소용돌이를 만들게 됩니다**. 남극에 있는 사람이 보면 자전 방향은 북극 사람과 반대가 되는데 이 때문에 남반구에서 코리올리 힘은 진행 방향의 왼쪽으로 작용해 저기압의 소용돌이는 시계 방향으로 나타나죠.

코리올리 힘은 배수구에서 물이 내려갈 때 만들어지는 소용돌이나 회오리 같은 작은 소용돌이에서는 관찰하기 어렵고, 저기압과 같은 커다란 소용돌이에서 확인이 쉬워요. 일기예보에서 저기압의 소용돌이를 볼 때 지구의 자전을 느껴 보도록 합시다.

> **깨알지식** 코리올리 힘은 프랑스의 물리학자인 가스파르 코리올리가 1835년에 발표했어요. 그 업적을 기념하기 위해 그의 이름이 에펠탑에 새겨져 있기도 하죠. 그는 주로 물체의 운동에 관심이 많았는데, 그의 연구 중에는 당구를 고안한 논문도 있어요.

코리올리 힘의 원리

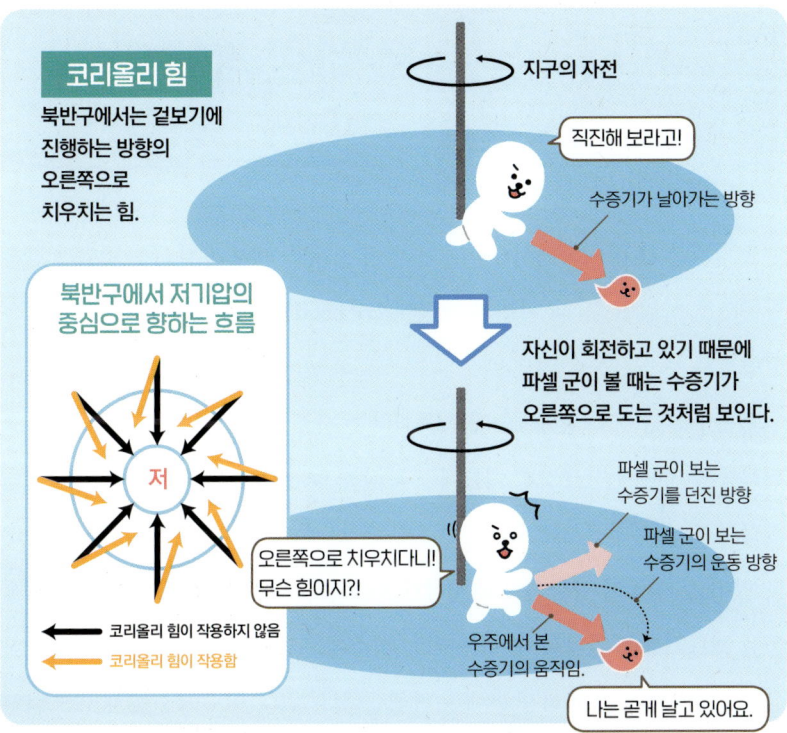

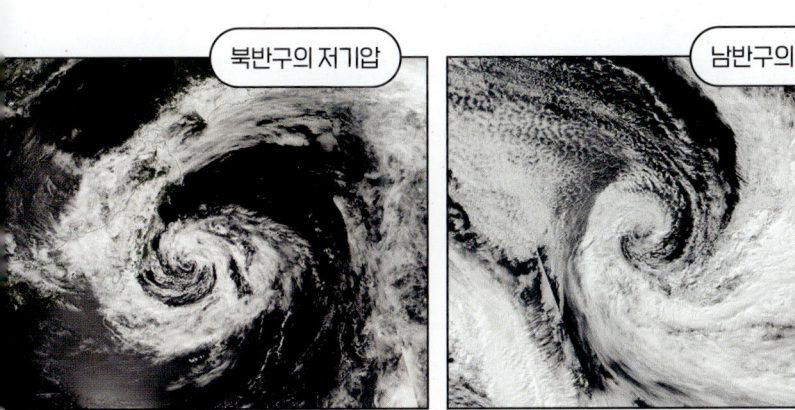

저기압은 북반구에서는 반시계 방향(왼쪽), 남반구에서는 시계 방향(오른쪽)으로 소용돌이가 돌아요. 또 고기압은 북반구에서는 시계 방향, 남반구에서는 반시계 방향으로 바람이 불어 나온답니다.

제트기류를 타면 비행기는 더욱 빠르게 난다

달리기할 때 반대쪽에서 불어오는 바람을 맞을 때보다 달리는 방향과 같은 방향으로 바람이 불 때 달리기가 쉽게 느껴지죠? 비행기도 마찬가지로 같은 방향으로 부는 강풍을 타면 매우 빠른 속도록 날게 됩니다.

북반구의 중위도 상공에는 **편서풍**이라는 서풍이 지구를 돌며 불고 있어요. 편서풍은 겨울에 강해지고 여름에는 북상해 약해져요. 편서풍 중에서도 특히 바람이 강한 부분을 **제트기류**라고 하는데 그 속도가 시속 400km를 넘을 때도 있어요. 영국의 항공회사 여객기가 2020년 2월에 대서양을 횡단한 사건을 통해 제트기류를 알아볼 수 있는데요. 평소에는 7시간 조금 넘게 걸리는 구간을 제트기류에 실려 5시간 만에 도착했습니다. 최대 시속이 1,327km에 달했다고 하니 대단하죠. 반대로 비행기가 제트기류에 저항하며 날 때는 평소보다 약 2시간 30분 이상 늦어질 때도 있습니다.

편서풍은 **한국의 날씨가 서쪽에서부터 바뀌는 원인**이기도 해요(《날씨 도감 1》p.128). 히말라야 산맥에서 나눠지면서 장마 때 오호츠크해 고기압이 생기는 원인이 되기도 합니다. 권운과 같은 상층운을 잘 관찰해 보면 구름이 편서풍에 실려 동쪽으로 이동하는 모습을 볼 수 있답니다.

> **깨알지식** 제트기류는 일본의 초대 고층기상대장이었던 오오이시 와사부로가 기구에서 관측해 발견했고, 1926년에 학계에 발표됐어요. 당시에는 에스페란토어(1887년 폴란드의 자멘호프가 창시한 국제어)라는 특수한 언어로 발표돼 세계적으로 인정받은 '제트기류'로 명명된 것은 그로부터 20년 후입니다.

지구를 일주하는 편서풍

히말라야 산맥은 편서풍에 작용하고 이에 따라 한국 날씨에도 영향을 줘요.

제트기류를 발견하는 데 사용된 측풍경위의. 이것으로 상공에 띄운 기구를 쫓아가면서, 높은 하늘의 바람을 관측했어요.

하늘에서 물고기가 떨어진다고?!

하늘에서 갑자기 물고기가 떨어진다? 놀랍게도 실제로 그런 일이 일어난답니다. 그것은 바로 **동물비**입니다.

동물비란 비나 눈이 아닌 그 장소에 있을 법하지 않은 것이 하늘에서 내리는 현상을 뜻해요. 과거에도 물고기나 거북이, 개구리 등이 하늘에서 떨어지는 현상은 세계적으로 사례가 많이 있었어요.

동물비의 원인으로 손꼽히는 것이 바로 **토네이도**입니다. 토네이도는 강한 상승기류로 지상의 물체를 휩쓸어 하늘로 끌어올려 수 km에서 수십 km 떨어진 장소까지 날려 보낼 수 있어요. 토네이도의 위력은 **후지타 등급**이라는 분류표에 따라 F0~F5 단계로 나뉘는데 가장 강한 토네이도는 차나 열차뿐만 아니라 수 톤에 달하는 물체도 끌어올렸다가 떨어트릴 수 있어요. 이 분류표를 고안한 기상학자인 후지타 테츠야 박사는 논문에서 "미스터리가 발생한다"라고 말해 토네이도의 위력을 짐작하게 합니다.

> **깨알지식** 한국은 토네이도가 형성될 지형이 없어 발생되지 않지만 옆 나라 일본에서 과거에 확인된 가장 강한 토네이도는 F3입니다. 후지타 등급은 미국에서 고안된 것으로 2007년부터 기준 및 세부 사항을 수정한 개량 후지타 등급을 사용하고 있어요.

해상 토네이도

19세기에 그려진 개와 고양이가 하늘에서 떨어지는 모습을 담은 그림.

바닷물을 기세 좋게 끌어올리고 있네요.

돌풍 피해 상황을 통해 풍속을 대략 추정하는 후지타 등급

등급	풍속	발생 상황(예시)
F0	초속 17~32m (시속 61~115km)	나무의 작은 가지가 부러지고 뿌리가 약한 나무는 기울 수 있다.
F1	초속 33~49m (시속 119~176km)	뿌리가 얕은 나무가 쓰러지고, 달리는 자동차가 옆으로 부는 바람을 맞아 도로에서 날아간다.
F2	초속 50~69m (시속 180~248km)	커다란 나무가 부러지고, 뿌리가 뽑힌다. 자동차가 날아가고, 열차가 탈선한다.
F3	초속 70~92m (시속 252~331km)	집이 무너지고 부서진다. 숲속 커다란 나무가 쓰러지거나 부러지고 뽑힐 수도 있다. 열차는 뒤집어지고 자동차가 공중으로 날아간다.
F4	초속 93~116m (시속 335~418km)	집이 산산조각 나고 잔재가 하늘로 날아간다. 열차가 휩쓸려 가고 자동차는 수십 m나 공중비행을 한다. 1톤이 넘는 물체가 하늘에서 떨어진다.
F5	초속 117~142m (시속 421~511km)	집이 흔적도 없이 사라진다. 자동차나 열차는 짐작할 수 없을 만큼 먼 곳으로 날아가 버린다. 수 톤에 달하는 물체가 하늘 여기저기서 떨어진다.

CHAPTER 3
40

천둥이 우르릉거리며 소리를 내는 비밀

하늘이 번쩍하고 빛을 낸 후에 들리는 천둥소리. 천둥이 우르릉하고 우는 이유를 알아봅시다.

번개가 칠 때 번쩍이는 빛은 **전광**, 천둥소리는 **뇌명**, 천둥 번개를 한 단어로 표현하면 **뇌전**이라고 해요. 한 번의 낙뢰로 지상과 구름 사이를 전류가 몇 번이나 오가는데(《날씨 도감 1》p.120), 뇌명이 발생하는 건 지상에서 적란운을 향해 방전이 일어날 때입니다. 단 10만 분의 1초 사이에 엄청난 전류가 흐르기 때문에 천둥 번개의 방전 경로는 순간적으로 약 3만℃에 달해요!

태양의 표면 온도인 6,000℃와 비교해도 대단히 높은 온도인 것을 알 수 있어요. 주위의 공기는 온도가 급격하게 올라가 공기가 팽창하면서 **충격파**가 발생하게 돼요. 이것이 동력이 되어 발생한 **음파**가 뇌명의 정체입니다.

소리의 속도(**음속**)는 기온이 높으면 빨라지는 성질이 있어요. 일반적으로 높은 하늘일수록 온도가 낮기 때문에 상공보다는 낮은 하늘에서 음파가 빠르게 전달되고, **굴절**하면서 위를 향해 구부러지는 특징이 있습니다. 그 때문에 낮은 하늘의 뇌명은 지상에는 도달하지 않는 것이 일반적이고, 우리가 듣게 되는 뇌명은 상공에서 발생한 것이랍니다. 적란운이 '앗 뜨거!' 하며 소리 내고 있는 것과 같죠.

> **깨알 지식** 97쪽 하단 사진은 2021년 7월, 적란운이 근접할 때 연구실에서 스마트폰의 슬로우 촬영으로 찍은 번개 사진이에요. 빛이 번쩍이는 동시에 대단한 소리와 충격이 전해졌어요. 낙뢰의 영향으로 연구소 내에 걸린 시계 몇 개가 멈추기도 했어요.

뇌명이 발생하는 원리

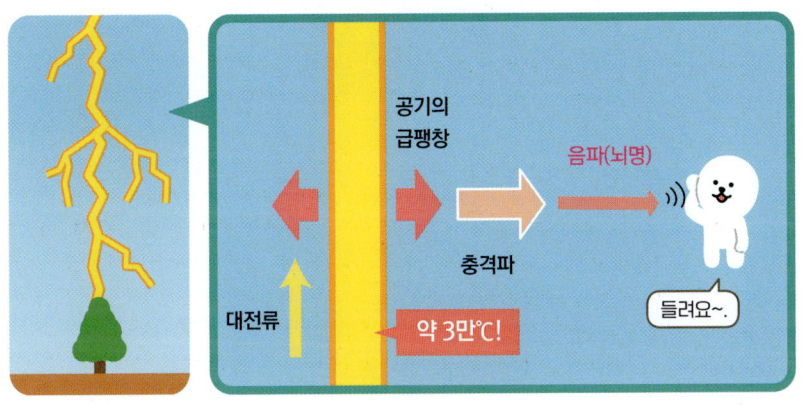

뇌명이 귀에 들리기까지

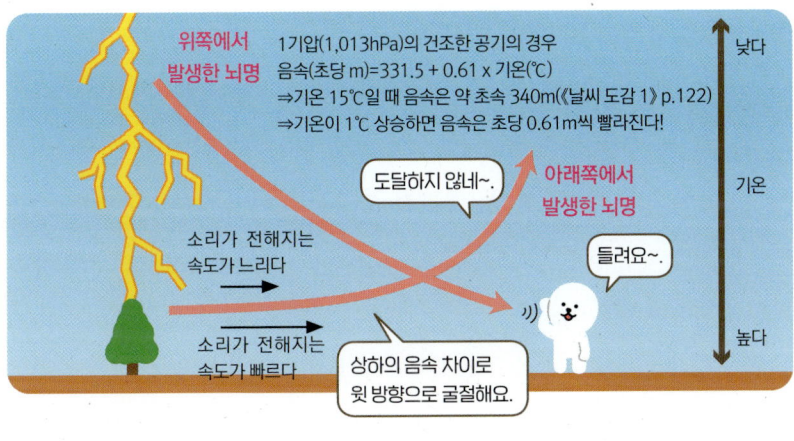

2021년 7월 11일 16시 35분에 눈앞에서 발생한 낙뢰(왼쪽). 번개가 떨어진 장소에 불이 나서 빨간빛을 내고 있네요. 시계도 이 시각에서 멈춰 버렸어요(오른쪽).

CHAPTER 3
41

낙뢰 한 번에
일반 가정 6개월 치 전기량

낙뢰 에너지를 전력으로 사용할 수 있다면 전력 생산에 큰 도움이 될 거예요. 과거의 관측을 살펴보면 **낙뢰 1회**의 에너지는 시간당 300~3,000kWh(킬로와트시, 전기 에너지의 단위)로 만약 1회의 낙뢰를 대략 1,800kWh라고 하면 국내 일반 가정 한 세대당 1개월의 전력 소비량인 300kWh의 6배예요. 낙뢰의 에너지를 모두 가정용 에너지로 사용할 수 있다면 **일반 가정에서 6개월 동안 사용할 수 있는 전기량**에 해당합니다.

그러면 어떤 방법으로 번개를 모을 수 있을까요? 데이터에 따르면 미국에서 연 1회 정도 낙뢰가 발생한다는 60m 높이의 타워가 있어요. 이런 타워에 떨어지는 낙뢰의 전력을 안전하게 모을 수 있도록 뇌력 발전장치 시설을 2개 만들면 일반 가정에서 1년 동안 사용할 수 있지 않을까요? 하지만 안타깝게도 타워 건설 비용만으로 일반 가정의 전기요금 100년 치를 거뜬히 뛰어넘기 때문에 오히려 전력회사와 계약해 전기를 사용하는 편이 비용이 덜 든답니다. 꿈같은 이야기는 그리 간단히 이루어지지 않나 봐요.

> **깨알 지식** 낙뢰의 전력을 사용하는 것은 어려운 일이지만 낙뢰의 기원을 되짚어 보면 적란운, 불안정한 대기, 그리고 태양열까지 다다릅니다. 태양열 발전을 이용한 재생가능한 에너지는 이미 실용화되었고, 지구온난화 대책으로도 각광받고 있지요.

'구름 위에서 천둥을 일으키는 신'의 어원인 '우뢰(雷)'의 모습. 압도적인 에너지를 느낄 수 있어요!

낙뢰는 전기로 사용할 수 있을까?

낙뢰 한 번에 발생하는 에너지는 일반 가정에서 6개월 동안 사용할 수 있는 전기량

타워형 충전시설 2개만 있다면 일반 가정 한 세대의 전력 1년분이 될 수 있다!

낙뢰 1회에 약 1,800kWh!

하지만 타워를 건설하는 비용이 일반 가정의 전기료 100년분보다 많이 든다니!

그건 안 돼!

일반 가정에서 1개월에 약 300kWh 사용해요.

타워
충전시설
전기를 모아요

99

아득히 높은 하늘에서 번쩍!
붉은색, 푸른색 번개가 있다?

번개는 무슨 색일까요? 보통 노란색이나 보라색으로 보일 때가 많아요. 하지만 사실 같은 번개라고 해도 보는 장소와 사람, 카메라에 따라 색이 달라집니다. 반면에 특정한 색으로 보이는 방전 현상도 있습니다. 그 이름은 **상층대기 번개**.

적란운에서 번개가 칠 때, 적란운의 상공인 성층권과 중간권, 전리층 하부에서 나타나는 발광 현상을 말해요. 대표적인 것이 고도 50~90km에서 빨간 빛이 방사되는 **스프라이트(sprite)**입니다. 1초도 안 되는 짧은 시간 동안 이뤄지는 발광으로 줄지어 늘어선 기둥이나 인삼과 같은 모양이 나타나요. 그 끝에는 스프라이트무리라고 불리는 볼록렌즈 모양의 발광도 나타납니다. 또 적란운 상부 고도 40~50km의 성층권 사이에서 광선처럼 푸르게 빛나는 **블루제트**, 이보다 앞서 고도 20km까지 나타나는 **블루스타터**, 고도 85km의 중간층까지 도달하는 **자이언트제트**도 있어요. 고도 90km 부근에서는 거대한 도넛 모양을 한 **엘브스**라는 현상도 나타납니다.

스프라이트와 엘브스는 고감도 비디오카메라로 촬영이 가능해요. 번개를 사랑하는 분이라면 꼭 도전해 보세요.

> **깨알지식** 스프라이트, 엘브스 등 상층대기 번개는 비행기가 발명된 후 그 현상들이 알려지기 시작했지만 공식적으로 인정된 것은 1989년으로 그리 오래되지 않았어요. 카메라 기술이 좋아지면서 최근 상층대기 번개가 촬영되는 일이 많아지면서 멋진 사진을 볼 수 있게 됐답니다.

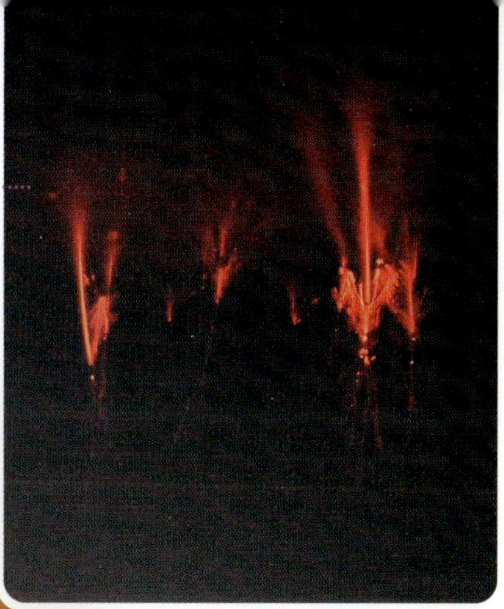

마법처럼 펼쳐지는 붉은빛, **스프라이트**.

적란운의 윗부분에서 솟아오르는 **블루스타터**.

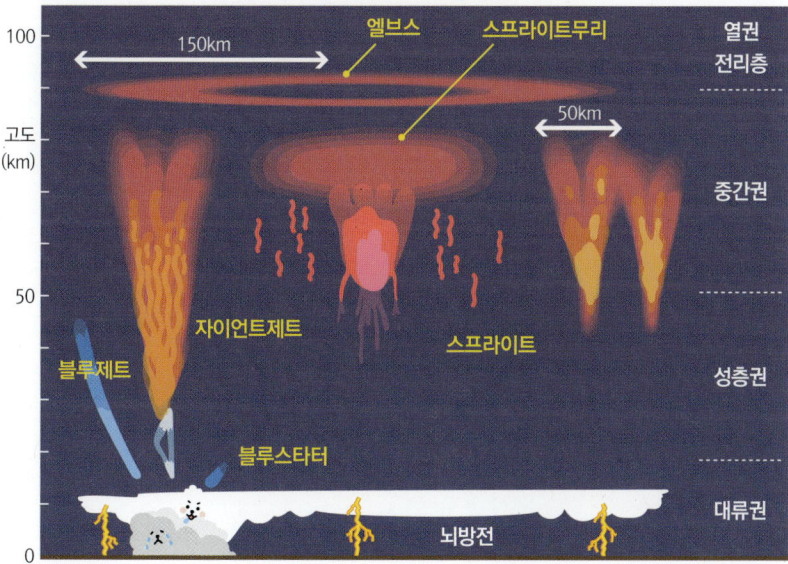

대기 초고층에서 펼쳐지는 낙뢰의 모습

- 고도(km)
- 100, 50, 0
- 150km, 50km
- 엘브스, 스프라이트무리
- 자이언트제트, 스프라이트
- 블루제트
- 블루스타터
- 뇌방전
- 열권 전리층
- 중간권
- 성층권
- 대류권

101

꼭 알아야 할 이상 기후의 의미

매년 발생하는 큰비와 태풍으로 인한 재해. 그때마다 듣게 되는 말이 이상 기후라는 단어입니다.

이상 기후란 사람의 일평생에 거의 경험하기 어려운, 지금까지의 기상에서 크게 벗어나는 현상을 말해요. 큰비나 폭풍 같은 단 몇 시간 동안 발생하는 현상부터 수 개월에 걸쳐 계속되는 가뭄, 극단적으로 추운 여름이나 따뜻한 겨울처럼 기상 재해도 이상 기후에 포함하죠. 기상청은 어느 지역의 어느 시기에 30년에 한 번 이하의 빈도로 발생하는 현상을 이상 기후라고 합니다.

종종 '관측이래 최고인~' '기록적인~' 등의 표현을 들으면 "또야?" 하는 생각

2021년 5월 강원도에서는 22년 만에 대설특보가 발령됐어요. 따뜻해야 할 봄에 무려 25cm의 폭설이 내렸어요.

출처: 설악산국립공원

2022년 9월 태풍 힌남노로 인해 영남 해안 지역에 집중호우가 쏟아져 큰 수해가 발생했어요.

출처: 연합뉴스

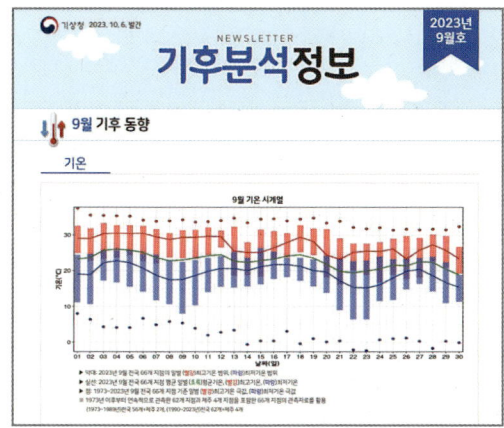

기상청은 2008년부터 매월 <월간 기후분석정보>를 발간해 우리나라 뿐만 아니라 전 세계 이상 기후를 감시·분석하고 있어요.

`월간 기후분석정보` 🔍

기후정보포털에서는 기후 변화 감시, 시나리오 소개, 대책방안 마련 등을 통해 국민에게 다양한 기후 변화 정보를 알리기 위해 노력하고 있어요.

`기후정보포털` 🔍

이 들지도 모르겠습니다. 하지만 같은 강우량의 큰비라고 해도 매년 많은 비가 내리는 지역에서 내렸을 때와 그렇지 않은 지역에서 내렸을 때 그 비가 초래하는 재해의 위험도는 완전히 달라요. 보통 일어나지 않을 법한 현상이기 때문에 미치는 영향도 더욱 커진답니다.

재해 뉴스를 볼 때, 화면 너머 타인의 일이라 생각하기 쉽지만 내가 사는 지역에서 재해가 일어났을 때 안전을 확보할 수 있도록 항상 대비하는 것이 중요해요.

> **깨알 지식** 방재라는 용어가 어렵게 느껴지나요? 방재에 익숙해지기 위해 먼저 하늘에 관심을 갖는 것부터 시작해 보아요. 평소 기상 레이더 정보를 이용하고 있다면 유사시 몸을 보호하고 안전을 유지하는 데 도움이 될 거예요. 하늘을 즐기는 마음이 방재에도 도움이 되는 것이죠.

먼 나라에서 발생한 화산 폭발이 그 해 농사를 망친다

때때로 화산(활화산)이 분화(화산폭발)해 뉴스에서도 크게 보도되곤 하죠. 가까운 지역에 화산이 없다면 실감하기 어려운 일이지만, 대규모의 **화산분화**가 발생하면 멀리 떨어진 지역에도 커다란 영향을 미칠 수 있어요.

화산이 대규모로 분화할 때는 주로 **이산화황**과 **화산재**가 방출되는데 **성층권**까지 한 번에 뿜어져 올라갑니다. 이 이산화황과 물이 하늘에서 화학 반응을 일으켜서 **황산염**이라는 먼지(에어로졸)가 만들어져요. 성층권은 대기가 안정되어 있고 공기가 상하로 순환하지 않기 때문에 먼지는 떨어지지 않은 채 장기간에 걸쳐 하늘에 머무르게 돼요. 이 먼지가 태양광을 산란하고, 지상에 도달하는 태양광을 줄어들게 만들어 결과적으로 기온이 낮아지게 됩니다(**우산효과**). 1991년 6월에 필리핀 피나츠보 화산의 대규모 분화가 있었는데 이 화산폭발의 영향으로 지구 전체의 평균 온도가 약 0.5℃나 낮아졌어요. 그 영향으로 옆 나라 일본에서는 **냉해**를 입어 쌀 부족 사태로 이어졌고요.

현재 지구상에는 약 800개의 활화산이 존재해요. 활화산이 어디에 있는지와 그 종류를 확인해 봅시다.

> **깨알지식**
> 한국에는 백두산과 한라산, 2개의 활화산이 있어요. 한라산은 과거에 휴화산으로 분류됐지만 2014년부터 활화산으로 재분류했어요. 국제기구에서는 두 화산의 움직임을 24시간 감시하고 있답니다. 그러니 우리와 상관없는 일이라 생각하지 말고 화산 활동에 관심을 가져야겠죠?

2022년 1월 15일, 통가의 해저화산에서 대규모 분화가 일어나는 모습을 기상위성이 촬영한 사진. 분연이 퍼진 범위가 대한민국 면적의 약 84% 정도였어요.

화산이 분화하면 화산재와 화산암이 날아올라 서로 부딪히며 화산번개가 발생하기도 해요.

화산분화로 기후 변동이 일어나는 원리

성층권은 대기가 안정되어 있어서 상하로 공기의 흐름이 거의 일어나지 않아요.

성층권
태양
산란
이산화황 화산재
물+이산화황 → 황산염 에어로졸
우산효과
성층권까지 올라오면 이제 떨어지기 쉽지 않지.
필리핀 피나투보 화산분화 (1991년 6월)
지구 평균 온도가 단번에 약 0.5℃ 저하
추워~!
부들부들
대류권
화산
쿵!
냉해로 농작물이 자라지 못해요.

화산분화로 기온 저하가 1~2년 지속되더라도 지구온난화가 멈추지는 않아요.

105

COLUMN 3

머리카락으로 습도를 알 수 있다

비가 와서 습도가 높은 날에는 머리카락이 차분하지 않고 부스스하게 퍼지는 경험을 해 보셨나요? 실제로 습도가 0%에서 100%로 변하면, 머리카락 길이가 2~2.5%가량 늘어납니다. 이러한 변화는 스위스 물리학자인 소쉬르가 발견했는데 1783년에 이 성질을 이용한 **모발습도계**를 고안했어요. 모발이 늘어나고 줄어드는 모습을 확대해서 기록하고 이를 통해 습도를 구하는 것입니다.

그는 '(습도계의 소재로) 살아 있는 여성의 곧은 금발이 최적'이라고 제안했지만, 이후 연구를 통해 화학 처리를 한 검은 머리카락이나 곱슬머리도 사용할 수 있게 되었습니다. 이 습도 측정 방법은 비교적 간단해 사용하기 쉽지만 기온이 낮으면 정확도가 떨어지는 단점이 있어요. 또 모발은 암모니아에 훼손될 수 있기 때문에 가축이 많은 곳이나 암모니아를 취급하는 공장 근처에서는 사용할 수 없어요. 그럼에도 모발습도계는 전기 없이 관측할 수 있고 화재에 대한 염려가 없어 어떤 미술관에서는 지금까지도 사용하고 있다고 하네요.

현대에는 전자습도계가 널리 사용되고 있고, 기상청에도 습도 관측이 도입되었습니다. 기상청 날씨누리에서 현재 습도를 확인해 볼까요?

모발습도계 망 속에 모발이 들어 있다.

| 습도 🔍 |

태양 에너지에 의해 사계절이 결정된다

한국은 봄·여름·가을·겨울의 **사계절**이 뚜렷해요. 사계절은 지구의 자전축이 기울어져 있어 생겨납니다.

지구가 **공전**할 때 자전축의 기울기에 의해 한국은 태양으로부터 받는 에너지(**태양 복사**)가 달라지면서 계절마다 온도 차로 인해 사계절이 구분돼요. 6월 말의 절기인 하지가 되면 태양이 정남쪽 하늘에 보이는 높이(**남중고도**)가 최고치에 다다르고, 태양 복사도 최대치가 돼요. 그리고 가을까지 지구에서 우주로 내보내는 에너지(**지구 복사**)보다 지구로 유입되는 태양 복사가 더 강하기 때문에 기온이 상승해요. 이와 달리 12월 말의 절기인 동지에는 하지와 역전된 현상이 일어나고 1~2월까지 기온이 내려가는 것입니다.

태양 복사에 의한 기온 상승은 위도와도 관련이 있는데 저위도(적도 부근)에 비해 **고위도(극지방)** 지역은 같은 면적에서 받는 열의 양이 적어요. 그 때문에 북반구에서는 남쪽은 따뜻하고, 고위도에 속하는 북쪽은 춥습니다. 온도 차는 한국 주위의 저기압에도 영향을 줍니다.

사계절에 따라 날씨도, 하늘도 변해요. 지구와 태양이라는 장대한 스케일의 이야기가 우리들의 생활과도 밀접한 관계가 있답니다.

> **깨알지식**
> 열대지방에서는 1년에 단 두 번 정오에 태양이 머리 바로 위에 위치할 때 그림자가 생기지 않는 현상을 관찰할 수 있어요. '라하이나 눈(Lāhainā Noon)'이라고 하는 이 현상의 이름은 하와이에서 비롯됐어요. 하지와 동지 정오에 그림자 사진을 찍어 그림자의 길이가 얼마나 다른지 비교해 보는 것도 재미있겠죠?

지구의 공전과 계절의 발생 원리

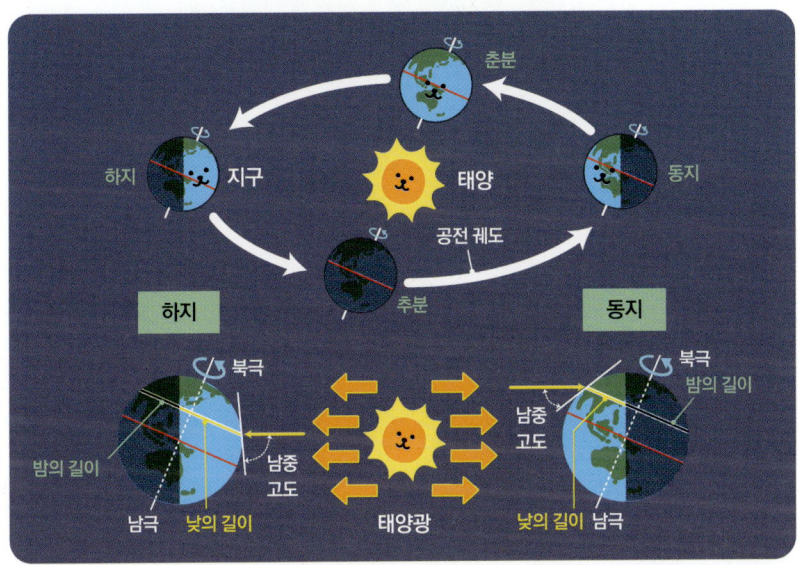

지구는 1년에 걸쳐 태양의 주위를 한 바퀴 도는 공전 운동을 해요. 사계절의 특성은 한국뿐만 아니라 중위도에 위치한 지역이라면 대개 비슷하고, 열대나 극지방에서는 확실히 나뉘어 있지 않아요.

위도에 따라 기온이 다른 이유

일본 오키나와의 하지 정오에 사라져 버린 삼각콘의 그림자.

가을 하늘이 높다고?
사실은 봄과 같은 높이

가을 하늘은 높다고 알고 있죠? 하지만 구름이 만들어지는 **대류권**의 높이는 여름에 높고 겨울에는 낮고, 봄과 가을에는 높이가 같습니다. 그런데 왜 가을 하늘만 유독 높다고 느끼는 걸까요?

그 이유는 가을에 대류에서 만들어진 건조한 고기압이 남하하면서 대기 중에 수증기와 먼지가 적어져 시야가 좋아지기 때문이에요. 여름에는 따뜻하고 습한 **북태평양 고기압**이 북상하면서 수증기가 많아지는데요. 이로 인해 빛이 산란하기 쉽고 하늘이 흐려져요(《날씨 도감 1》 p.80). 가을에는 건조한 공기를 가진 **이동성 고기압**이 찾아오면서 수증기가 감소하고 시야가 회복되는 것입니다. 이런 현상은 봄에도 똑같이 나타나지만 봄에는 **황사** 같은 먼지가 많이 날리면서 가시거리가 짧아지기 쉬워요(p.63). 이 때문에 가을 하늘이 봄보다 높아 보이게 된답니다.

또 맑은 날이라도 적운과 같은 구름이 많으면 우리가 생각하는 높은 가을 하늘을 볼 수 없어요. 가을에 고기압이 통과한 다음, 편서풍을 타고 전선과 저기압이 찾아오면 서쪽 하늘에서부터 날씨는 흐려져요. 이보다 앞서 권운이나 권적운 같은 상층운이 만들어지는 때에야 비로소 가을 하늘이라는 느낌이 들죠. 구름이 있기에 우리는 하늘의 높이를 느낄 수 있는 것이랍니다.

> **깨알지식** 햇무리와 아크 중 환일과 환천정호는 연중 관찰할 수 있지만 22° 햇무리는 4~6월, 특히 5월에 가장 많이 나타난다는 관측 결과가 있어요. 아직 정확한 이유는 밝혀지지 않았지만 봄과 가을에 상층운의 발생 빈도와 종류가 다른 것이 아닌가 생각합니다.

권운이 펼쳐진 청명한 가을 하늘.

여름의 더운 공기와 가을의 서늘한 공기가 만남의 장을 이룬 하늘.

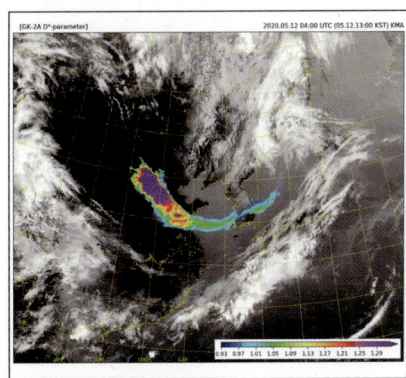

봄이면 찾아오는 **황사**(《날씨 도감 1》 p.136)에 대한 정보는 기상청 날씨누리에서 확인할 수 있어요. 황사는 가을에 찾아오기도 한답니다.

| 황사 | |

장마는 두 개의 기단이 만나 힘겨루기할 때 생긴다

장마에는 흐린 날이 계속됩니다. 왜 한반도에는 장마가 있을까요?

장마는 봄에서 여름으로 계절이 변할 때 비가 오거나 흐린 날이 많아지는 계절 현상이에요. 통상 6월 중순에 **북태평양 기단**이 북쪽으로 확장해 **오호츠크해 기단**과 만나면 제주도부터 **장마전선**이 형성됩니다. 이후 두 기단이 힘을 겨루면서 전선이 우리나라에서 오르락내리락을 반복해요. 7월 말에 북태평양 기단의 세력이 더 커져서 전선을 만주 지역으로 밀어냅니다.

장마 기간에는 비가 많이 내리는데 특히 후반에는 **선상강수대**가 만들어지면서 집중호우가 발생하기 쉬워요(《날씨 도감 1》 p.114). 기상청이 장마의 시작과 끝을 발표하면 뉴스에서는 이 소식을 크게 보도하지만, 이것은 어디까지나 예측성 보도일 뿐이고, 9월이 되면 지난 여름을 돌아보고 검증, 확인된 자료를 가지고 공식적인 장마의 시작과 종료일이 발표됩니다(물론, 뉴스에는 보도되지 않아요). 그 때문에 장마가 시작되고 끝나는 날이 몇 주나 차이가 날 때도 종종 있답니다.

> **깨알 지식**
> 붉은 자귀나무의 꽃이 피면 장마가 시작된다는 말이 있어요. 기상청이 없던 옛날에는 자귀나무 꽃이 피어 있는 것을 보고 장마 시기를 파악했다고 해요. 주변에 자귀나무의 꽃이 필 때 정말 장마가 시작되는지 관찰해 보세요!

장마전선의 원리

장마전선이 동반하는 구름이 걸려 있는 지역에는 비와 흐린 날씨가 이어지지만, 장마전선이 남북으로 움직이면서 장마 기간에도 맑은 날씨가 나타나는 '장마휴식기'가 됩니다. 장마전선의 북측은 서늘하고 남측은 무덥고 맑은 날씨가 돼요.

장마전선에 동반하는, 동서로 띠 모양을 이루는 구름이 펼쳐져 있어요. 계절이 변하는 시기에는 장마, 가을비, 겨울비, 봄비가 내리는 우기가 있답니다.

선상강수대가 발생하면 현저히 많은 양의 강수에 관한 정보가 발표됩니다.

CHAPTER 4
48

북태평양 고기압이 여름을 덥게 한다

 장마가 끝나면 이제 본격적으로 더워져요. 그때 찾아오는 것이 바로 **북태평양 고기압**입니다. 북태평양 고기압은 태평양에 중심이 있는 고기압으로 따뜻하고 습한 공기로 이루어져 있어 더위를 가져다줍니다. 무더위가 기승을 부리는 해에는 상공의 고기압인 **티베트 고기압**이 서쪽에서 세력을 키울 때가 있어요. 이들 고기압이 겹쳐지면 한반도 하늘은 상부에서 하부까지 하강기류로 채워져 단열승온(단열냉각과 반대 원리, p.30)으로 기온이 상승하게 됩니다.

 우리가 더위를 느끼는 데는 기온뿐만 아니라 습도도 매우 중요한 역할을 해요. 그래서 열사병 예방을 위해 습도, 일사량 같은 열 환경과 기온을 측정해 기상청에서는 **체감온도 지수**를 발표합니다. 체감온도 지수가 34℃를 넘으면 열

무더워지기 쉬운 여름의 기압 배치

여름 일기도에서는 북태평양 고기압이 한국 부근에서 확장돼요. 북쪽에는 저기압이 자리 잡고 있어서 이러한 기압 배치를 남고북저라 불러요.

구름이 발달할 수 있는 한계 고도를 **모루구름**으로 알 수 있어요.

체감온도 지수에 따른 주의점 일람표

[체감온도 🔍]

단계	범위	대응요령
위험	37℃ 이상	▶ 온열질환 발생 가능성이 매우 높으니 독거노인 등은 안부전화 등 수시로 상태 점검 ▶ 지자체는 취약계층을 무더위쉼터로 이동 지원 ▶ 외출을 자제하고, 실내 또는 시원한 곳에서 쉬기 ▶ 열사병 증상(구토, 고열 등) 나타나면 119에 신고
매우높음	34℃ 이상 ~ 37℃ 미만	▶ 온열질환 발생 가능성이 높으니 냉방장치를 틀거나, 더위를 피할 수 있는 곳에서 쉬기 ▶ 독거노인 등은 안부전화 등 상태 점검 ▶ 영유아·노약자는 외출을 자제하고 휴식 취하기 ▶ 지자체는 취약계층을 무더위쉼터로 이동 지원 ▶ 수분과 염분을 섭취하고 현기증, 메스꺼움 등을 느끼면 주변에 도움 요청 ▶ 열사병 증상(구토, 고열 등) 나타나면 119에 신고
높음	31℃ 이상 ~ 34℃ 미만	▶ 온열질환에 걸리기 쉬우니 영유아·노약자는 건강관리에 유의 ▶ 차량 안 온도가 높아지면 질식할 수 있으니 어린이·노약자를 혼자 차에 두지 않기 ▶ 독거노인, 신체가 약한 사람 등은 안부전화 등으로 상태 점검 ▶ 무더위쉼터와 같은 더위를 피할 수 있는 곳에서 쉬기
보통	29℃ 이상 ~ 31℃ 미만	▶ 온열질환에 취약한 영유아·노약자는 30분 간격으로 쉬면서 야외 활동 ▶ 영유아·노약자가 야외 활동을 할 때 불편해 하는지 관찰 ▶ 영유아·노약자는 야외 활동 시간을 줄이고, 수시로 상태 확인
낮음	29℃ 미만	▶ 관심 단계에 도달하지 않은 상태

사병 환자가 증가하고, 37℃ 이상은 위험한 상황으로 봅니다. 일 최고 체감온도가 33℃ 이상으로 2일 이상 지속될 것으로 예상될 때는 폭염주의보, 35℃ 이상일 때는 폭염경보가 발표됩니다. 체감온도 정보를 활용해 열사병 등의 위험을 피해 시원한 실내에서 머무는 등 슬기로운 대처를 함으로써 즐거운 여름을 보내도록 합시다.

깨알 지식

여름 하면 생각나는 것 중 하나가 빙수인데요. 겨울 추위로 만들어진 천연 얼음과 인공 얼음을 비교한 연구에 따르면 천연 얼음은 결정이 크고 방향에 따라 갈기 쉬운 면과 그렇지 않은 면이 있는데, 인공 얼음은 결정이 작고 어느 면이나 갈기 쉽다고 합니다. 이것이 빙수의 다양한 맛을 만드는 원인인지도 모르겠네요.

태풍이 직격하면 소금 바람이 분다고?

우리는 태풍의 위험성에 대해 높은 강수량이나 거센 폭풍에 대해 주목하지만 염해(소금으로 인한 피해)도 놓칠 수 없는 부분이에요.

태풍은 따뜻한 바다에서 끌어올린 수증기와 적란운 내부의 잠열에 의해 강해집니다. 수증기와 잠열에 의해 발달한 태풍은 **눈벽(eyewall)**을 동반한 눈을 가지며 태풍의 중심에 가까울수록 바람이 강하게 불어요. 태풍이 접근하면서 바다의 물보라를 포함한 폭풍이 세차게 불면, 소금기를 지닌 바닷바람에 의해 초목과 전선, 에어컨 실외기 등에 소금기가 남아 있는 것을 볼 수 있어요. 바다에서 육지로 불어오는 바람을 **조풍**이라고 하는데 이로 인해 소금이 육지로 옮겨져 식물이 마르고 누전이 일어나기도 하는 등의 염해가 발생하는 것입니다.

2023년 8월 제주도에서는 농작물 피해가 심각했어요. 태풍 카눈의 영향으로 조풍이 불어 당근, 콩 등에 염분이 침투하면서 피해가 발생한 거예요. 조풍을 맞은 자동차에서 발견한 소금을 확대해 촬영하니 소금 결정을 확인할 수 있었답니다. 태풍이 지나간 후 바닷가에서 주위를 살펴보면 소금 입자를 발견할지도 모르겠네요.

> **깨알 지식**
> 태풍의 눈에는 하강기류가 작용하기 때문에 구름 없는 맑은 하늘이 나타나기도 해요. 하강기류에서는 공기가 단열승온해 주위에 비해 10℃ 이상 따뜻해지는 경우도 있답니다. 태풍의 눈 속에 있어 바람이 약해도 경계를 게을리해서는 안 돼요.

태풍의 구조(단면도)

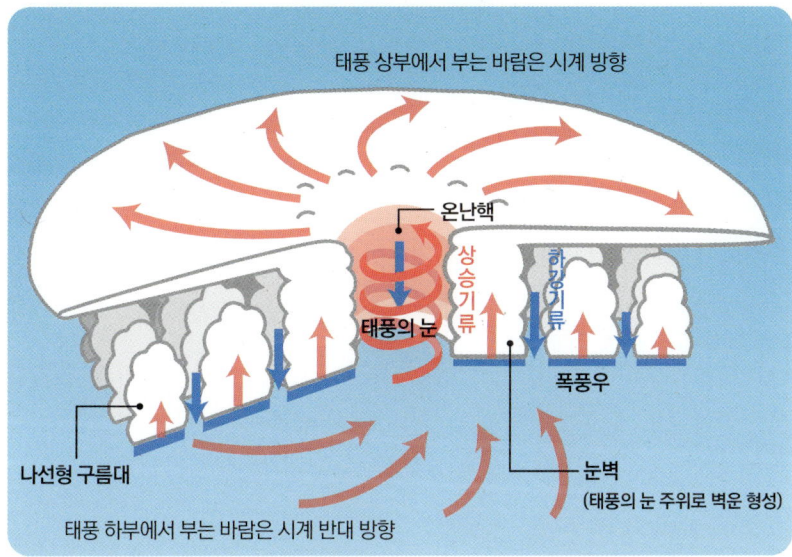

태풍 상부에서는 공기가 중심에서 바깥쪽으로 돌면서 빠져나가기 때문에 코리올리 힘(p.90)의 영향으로 오른 방향으로 굽어지고, 바람은 시계 방향이 됩니다.

태풍 통과 후에 촬영한 소금 결정.

2023년 태풍 카눈의 구름 사진. 발달하며 태풍의 눈이 크게 확장되고 있어요.

태풍 때문에 기온이 훌쩍 높아지는 때가 있다

태풍이 접근할 때는 한밤중에도 기온이 35℃를 넘을 수 있어요. 이것은 공기가 산을 타고 내려오면서 기온이 올라가는 **푄 현상** 때문이에요.

습한 공기가 산을 넘을 때 바람의 위쪽 경사면에 구름이 생기고 응결해 잠열이 방출돼요. 불포화 상태의 공기는 1km 상승할 때마다 온도가 10℃씩 내려가지만, 포화 상태의 공기는 잠열로 데워지면서 약 5℃ 정도만 내려갑니다. 바람의 아래쪽에서 공기는 불포화 상태가 되고, 1km마다 10℃ 온도가 상승하면서 산을 내려오기 때문에 산기슭에서는 고온의 건조한 바람이 불게 돼요. 이것을 **웨트 푄**이라 하고 구름과 비를 동반하지 않고 상공의 공기가 내려오는 경우는 **드라이 푄**이라 합니다.

한국에서는 주로 태풍이 남동쪽에서 접근할 때 동해안 쪽에서 동풍이 불면서 푄 현상이 발생합니다. 산을 넘으며 부는 바람으로는 산기슭에서 부는 내림 바람과 강가에서 바다로 부는 강바람과 같이 지역 특유의 **국지풍** 등이 있습니다. 자신이 사는 지역에 어떤 바람이 부는지 알아보는 것도 흥미롭겠지요.

> **깨알지식**
> 푄이라는 명칭은 알프스 산맥에서 부는 따뜻하고 건조한 남풍에서 유래했는데, 독일어로는 '헤어드라이어'라는 의미도 있다고 해요. 이와 달리 경사면을 따라 내려오는 차갑고 강한 바람을 '보라바람'이라고 하는데 그리스신화에 나오는 바람의 신인 보레아스의 이름에서 따온 것이라고 합니다.

푄 현상(웨트 푄)의 원리

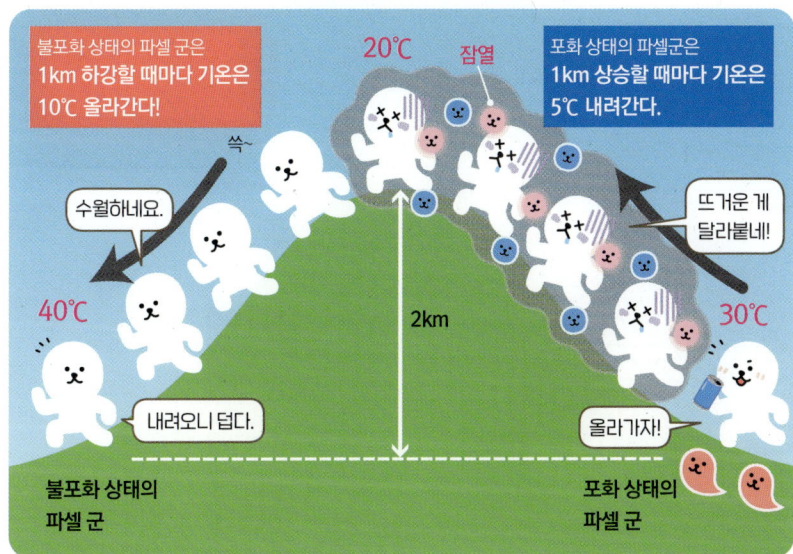

최근 연구에 따르면 세계적으로도 푄 현상이 일어나기 쉬운 북대륙에서는 약 80%가 드라이 푄이고 약 20%가 웨트 푄인데, 웨트 푄도 드라이 푄의 원리와 같은 경우가 많다는 결과가 나왔어요.

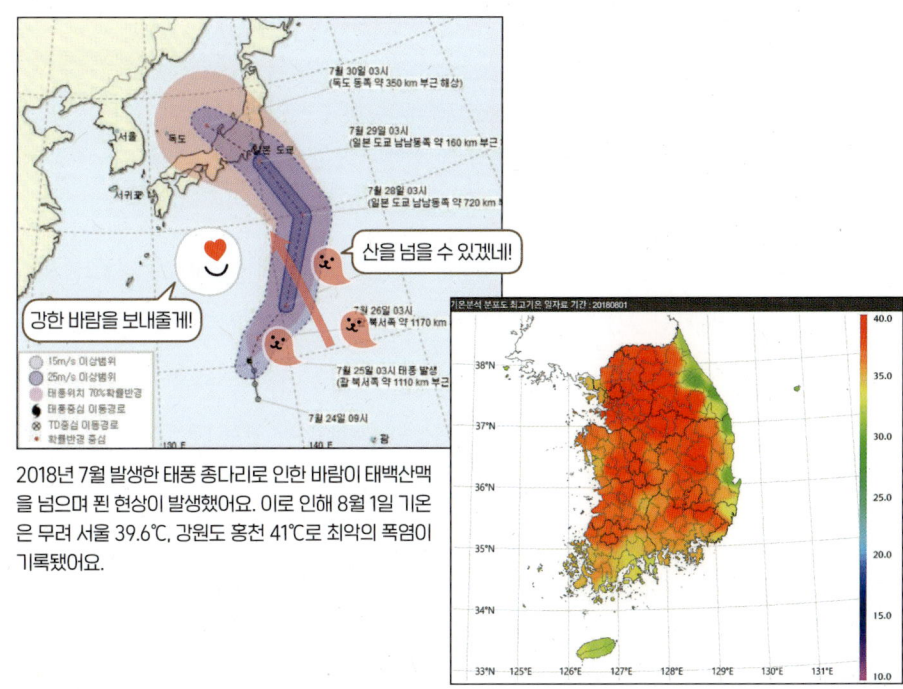

2018년 7월 발생한 태풍 종다리로 인한 바람이 태백산맥을 넘으며 푄 현상이 발생했어요. 이로 인해 8월 1일 기온은 무려 서울 39.6℃, 강원도 홍천 41℃로 최악의 폭염이 기록됐어요.

겨울 날씨는 산을 경계로 180° 달라진다

이안 거리는 여기!
한기가 불어오는 방향
근상운
전형적인 한국의 겨울 하늘

서해상은 설운으로 뒤덮여 있는 데 비해, 산맥을 경계로 동해 지역은 맑은 하늘이 보이는 곳이 많아요. 이안 거리가 짧고, 한기가 강한 모습을 확인할 수 있어요.

겨울 날씨 사진은 서해 쪽과 동해 쪽이 확연히 다릅니다. 그 원인은 기압 배치와 한반도 지리에 있습니다.

겨울철 한반도 서쪽에는 **시베리아 고기압**이, 동쪽에는 저기압인 **서고동저**의 기압이 배치되면서 북서쪽으로부터 **계절풍**이 불어요. 시베리아 고기압은 기온이 영하 30℃에 달하는 강한 한기로 이뤄져 있어요. 서해는 겨울에도 해면 온도가 5~15℃이기 때문에 계절풍을 타고 서해 위에 부는 한기의 입장에서 보면 목욕탕의 열탕과 다름없는 상태입니다.

바다에서 대량의 열과 수증기를 공급받아 따뜻하고 습한 공기로 변하고(**기단변질**), 상공의 한기의 영향도 받으면서 대기가 불안정해져요. 이로 인해 서해에서 **근상운**이라는 설운(적란운)의 줄이 생기고, 이것이 태백산맥 서쪽에 계

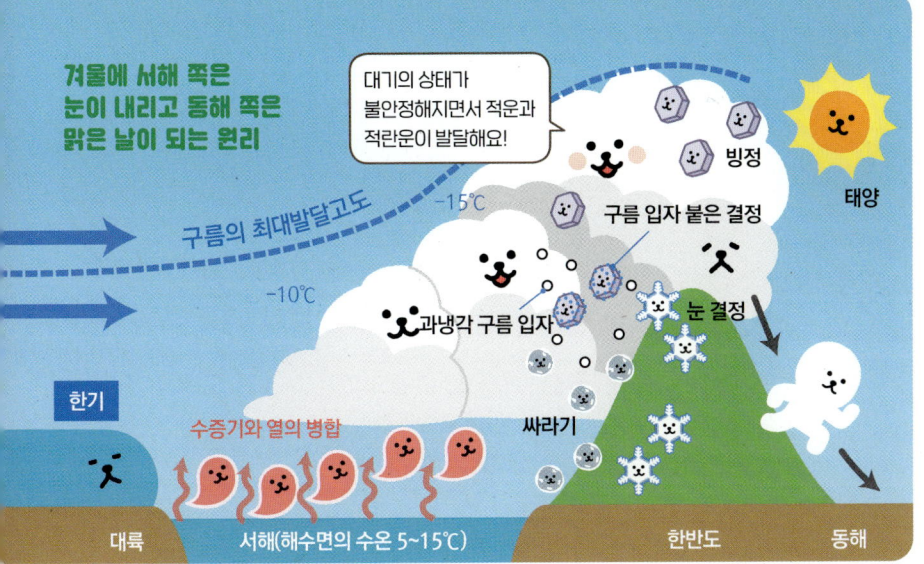

속 눈을 내리게 합니다. 반면, 설운은 산을 넘을 때 하강기류로 사라져 버리기 때문에 건조한 공기(공풍, 건풍)만 동해 쪽으로 넘어가 맑은 날씨가 됩니다.

기상 위성 화면에서 겨울 하늘을 보면 이 모습을 확연히 알아볼 수 있어요. 겨울바람을 느꼈다면 바다와 산을 넘어온 공기의 여행도 함께 상상해 보세요!

깨알 지식 기상 위성이 찍은 사진에서 겨울철 한국의 동해를 볼 때, 한기가 강하면 대륙의 해안에서 구름이 발생한 위치까지 거리(이안 거리)가 짧아지고, 한기가 정점을 찍고 내려오면 이안 거리도 길어져요. 구름의 발생 위치가 한기의 세기를 알려 주고 있는 것이죠.

차가운 겨울 코에 스미는 눈 냄새의 정체

눈이 내리기 전에는 나는 **눈 냄새**를 아나요? 내리고 있는 눈은 물이 언 것이므로 냄새가 없지만, 확실히 눈이 내리기 전에 코로 스미는 듯한 독특한 느낌이 있죠.

그것은 하늘과 관련 있어요. 구름에서 눈이 지상으로 떨어지기 직전, 떨어지는 눈이 승화(증발)해 잠열을 흡수하면서 수증기가 되고(p.34), 상공에서 지상에 이르기까지 기온이 내려가고 습도가 올라가요. 기온이 내려가면 공기 분자의 움직임이 느려지기 때문에 냄새를 맡기 어려워지지만 습도가 올라가면 후각이 자극을 받아 코가 따뜻하고 습하다고 느끼게 돼요. 이때 차가운 공기로 자극을 받은 **삼차신경**은 민트에 차가움을 느끼는 구조도 가지고 있습니다.

눈 냄새의 정체는 기온 저하와 습도 상승으로 자극을 받은 신경이 반응하고, 냄새의 기억 등이 동시에 작용해 실제로는 냄새가 나지 않지만 **눈이 오면 냄새가 난다**고 느끼는 것으로 추측하고 있어요. 눈 냄새는 산뜻하고 차갑고 청결한 향기라는 뜻과는 다른 의미로 사용되는 것은 이런 까닭인지도 모르겠네요.

> **깨알지식** 겨울에 맑고 건조하고 차가운 날에 집 밖에서 냄새를 맡기 어려웠던 경험을 한 적이 있지 않나요? 이는 기온이 낮아져 공기 분자의 움직임이 둔해지기 때문에 생기는 일이랍니다.

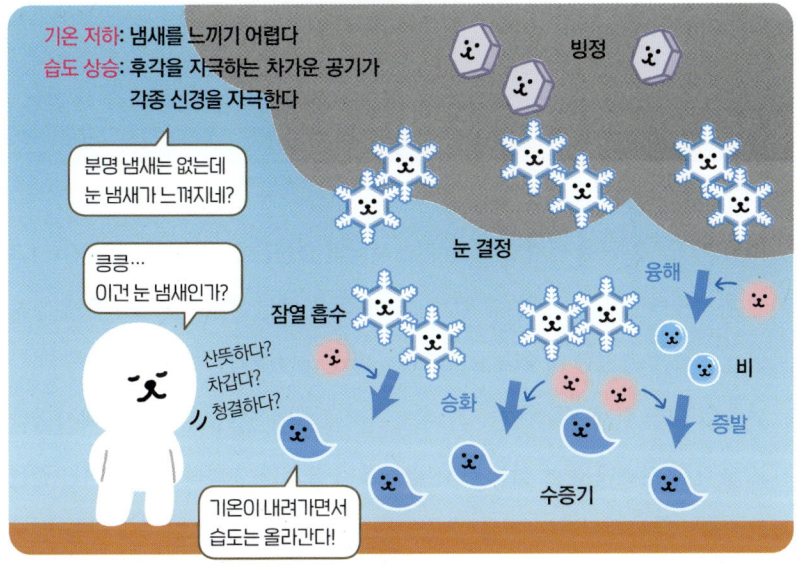

눈 결정은 신기하게도 눈 냄새의 이미지와 딱 어울려요. 그리고 비에도 비 냄새가 있다는 걸 아나요?(《날씨 도감 1》 p.150)

관찰하기

눈 결정을 촬영하는 사람들. 눈 결정은 스마트폰으로도 선명하게 찍을 수 있어요(《날씨 도감 1》 p.108). 덧붙여 필자는 촬영할 때 배경에 문구점에서 판매하는 진한 파란색 펠트지를 사용해요.

겨울 아침의 마법!
서리의 결정을 관찰하자

　겨울 아침, 길 위에 반짝반짝 빛나는 **서리의 결정**은 눈 결정과 거의 같은 크기인데 시중에서 쉽게 구할 수 있는 스마트폰용 광각렌즈를 스마트폰에 장착하면 선명하게 촬영할 수 있어요(《날씨 도감 1》 p.108).

　가을이 되면 쉽게 볼 수 있는 서리는 여러 종류가 있어요. 야간에 복사냉각으로 냉각된 지면에 붙어 있는 나뭇잎 등에 수증기가 승화하면서 생기는 **결정서리**, 어는 점 아래에서도 액체 상태로 있는 과냉각 상태의 안개나 구름 입자가 서로 결합하고 동결되면서 생기는 **무빙(상고대)**, 얼음 결정이 막 모양으로 형성되는 **우빙(비얼음)** 등이 있습니다. 창문에 생기는 서리는 **성에(창서리)**라고 해요.

　서리의 결정은 무척 아름다운 모양인데, 눈 결정처럼 기온과 수증기의 양에 따라 형태가 달라져요. **서리 결정 공식적인 분류**는 아직 학술적으로 정리되지 않았기 때문에 지금까지 관측된 모양을 토대로 각기둥 모양, 잔 모양, 침 모양, 판 모양, 부채 모양, 다중판 모양, 조개껍질 모양, 나뭇가지 모양, 얼음 입자 붙은 모양으로 분류해 보았습니다. 서리의 관측 조건을 확인하고 따뜻하게 준비한 뒤 겨울 아침의 마법을 체험해 보세요.

> **깨알지식** 서리는 밤부터 다음 날 아침까지의 날씨, 바람과 다음 날 아침 최저 기온을 확인하면 좀 더 쉽게 관측할 수 있어요. 스마트폰으로 촬영할 때는 바닥에 무릎을 꿇고 앉아 낮은 자세를 취하는 것이 좋아요. 꼭 안전을 확보하고 관찰합시다.

서리가 아침 햇살을 받아 무지개 색으로 빛나는 모습은 정말 아름다워요.

관찰하기

서리 관찰 방법

서리를 관찰하기 쉬운 조건
*맑은 날 바람이 약한 아침 최저 기온이 2~4℃ 이하일 때
*들판에서 지면 부근에 떨어진 잎을 주목!

광각렌즈를 사용해, 스마트폰으로 수 cm 거리에서 촬영해요. 해가 뜬 직후까지 서리 결정을 관찰할 수 있어요!

기온이 0℃일 때도 복사냉각으로 지면 부근은 약 -10℃!

스마트폰 + 광각렌즈   손목을 지면에 고정

서리 결정의 형태와 기온, 수증기량의 관계

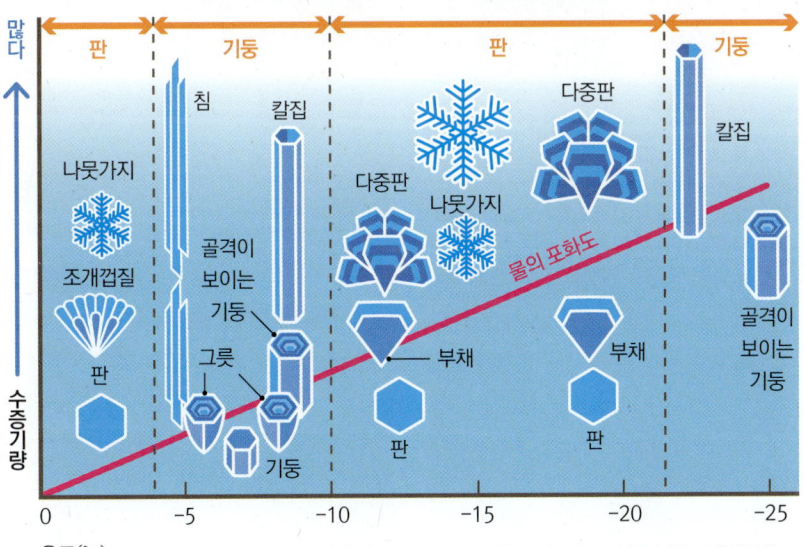

나카야 다이어그램을 개정한 Nelson(2001)에 야외 관측 결과를 더해 작성한 표.

겨울 아침에 만날 수 있는 얼음들

기둥 모양*

그릇 모양*

침 모양*

판 모양*

부채 모양*

다중판 모양*

조개껍질 모양*

나뭇가지 모양*

서리 결정의 형상과 분류(*)는 필자의 주관에 따른 것으로 정식 명칭이 아닙니다.

얼음이슬

액체인 아침이슬이 동결한 것.

얼음 입자 붙은 서리*

서리 결정에 과냉각된 물 입자가 부착, 동결한 것.

식물 유래의 동결한 물방울

식물의 생명활동으로 가느다란 잎 끝에 생긴 물 입자가 언 것. 문양을 가지는 것도 있다.

비 입자 유래의 동결한 물 입자

비 입자가 동결한 것으로, 비가 갠 후 볼 수 있다.

서리기둥

토양 속 액체 상태의 물이 모세관현상에 의해 지표로 나와 기둥 모양으로 언 것.

여름철 아이스크림에서 볼 수 있는 서리

아이스크림 표면에서도 서리 결정을 볼 수 있어 여름에도 서리 관찰이 가능하다.

영하 50℃ 이하가 되면 들리는 별의 속삭임

기온이 극단적으로 낮아지면 놀라운 일이 일어나는데요. 저온 세계에서 일어나는 신비를 밝혀 볼까요?

기온이 영하 4℃ 이하가 되면 수도관이 얼고, 영하 10℃ 이하에서는 창문에 새하얗게 서리가 맺히며, 공기 중의 수증기가 승화한 **세빙**이 반짝반짝 빛나는 **다이아몬드 더스트**가 발생해요. 영하 15℃ 이하에서는 **집이 얼면서 소리를 내는 현상**도 발생합니다. 영하 20℃ 이하가 되면 눈썹과 앞머리에 서리가 생겨서 얼굴을 드러내고 다닐 수 없고, 영하 25℃ 이하에서는 살아 있는 큰 나무가 갈라지며**(동렬)**, 영하 40℃ 이하가 되면 작은 새나 까마귀가 동사해 하늘에서 떨어져요. 영하 50℃가 넘으면 사람이 내쉬는 숨이 바로 빙정이 되고 귀에서 미세하게 사각사각하는 소리가 나는 이른바 **별의 속삭임**이 들리게 된다고 알려져 있답니다.

대한민국에서 역대로 가장 기온이 낮았던 기록은 1981년 1월 양평에서 측정된 영하 32.6℃예요. 그리고 세계적으로는 1983년 7월, 남극에서 영하 89.2℃가 관측되기도 했습니다. 이러한 극한의 세계가 지구 어딘가에 있다는 사실이 놀랍네요.

> **깨알지식** 다이아몬드 더스트는 얼음의 미세한 결정이 공중에 무수히 떠다니는 현상으로 영하 10℃ 이하의 저온 환경에서 주로 발생해요. 우리나라에서는 안개, 박무 등 대기 중에 수증기가 많은 상태에서 기온이 영하 20℃ 안팎으로 떨어질 때 발생한다고 해요. 2012년 경기도 이천에서 아침 최저 기온 영하 22.8℃에서 관측됐다고 합니다.

컵라면을 데워 영하 10℃ 정도 되는 남극기지 바깥에 가지고 나가니 바로 얼어 버린 모습.

비눗방울은 영하 15℃부터 얼기 시작하지만, 어떤 액체를 사용했는가에 따라 어는 온도가 달라져요.

다이아몬드 더스트에 아침 해가 비쳐 좌환일의 무지개 색이 나타났어요!

겨울 아침에 만날 수 있는 얼음들

기온	발생하는 일(예)
-5℃ 이하	수도관 동결(-4℃). 유리창에 성에가 끼기 시작한다.
-10℃ 이하	유리창에 하얀 서리가 붙는다. **다이아몬드 더스트**가 발생한다. 탄산음료가 언다.
-15℃ 이하	집이 얼어 소리가 나는 현상이 발생한다.
-20℃ 이하	눈썹과 앞머리에 서리가 붙는다. 얼굴을 내놓고 걸을 수 없다.
-25℃ 이하	살아 있는 큰 나무가 굉음을 내며 갈라지는 **동렬**이 시작된다.
-40℃ 이하	작은 새나 까마귀가 동사로 떨어진다.
-50℃ 이하	**별의 속삭임이 들린다.**

엘니뇨, 라니냐 현상이 기후에 미치는 영향

엘니뇨 현상이라는 용어를 들어 본 적 있나요? 엘니뇨는 어떤 현상인지 살펴보겠습니다.

엘니뇨 현상은 태평양의 적도 지방 동쪽의 해수면 온도가 평년보다 높은 상태가 계속되는 현상을 말해요. 반대로 온도가 낮은 경우는 **라니냐 현상**이라고 합니다. 엘니뇨 현상은 열대 지역에 부는 동풍(**무역풍**)이 약해지고, 태평양 서쪽의 따뜻한 바닷물이 동쪽으로 이동하면서 발생해요. 무역풍이 강해지면 심해에서 차가운 바닷물의 온도가 점차 상승하면서 라니냐 현상이 발생합니다.

이와 같은 바다의 변화는 대기의 기온, 기압, 바람을 변화시켜 결국 멀리 떨어진 지역의 기후까지 영향을 끼칩니다(**원격상관**, teleconnection). 옆 나라 일본에서는 북태평양 고기압이 확장하거나 서고동저 기압 배치의 강약에 영향을 받게 되는데, 엘니뇨 현상 때문에 여름은 서늘하고 겨울은 따뜻해져요. 반대로 라니냐 현상의 영향을 받으면 여름은 몹시 무덥고, 겨울은 강한 추위가 찾아오는 경향이 있습니다.

이들은 전반적인 기후의 경향에 영향을 주는 것이어서 매일의 날씨는 크게 달라질 수 있어요. 기후 정보와 일기예보 모두를 잘 활용하며 생활하도록 합시다.

> **깨알지식** 엘니뇨는 크리스마스 무렵에 나타나는 현상인데 페루, 에콰도르의 어부들이 아기 예수를 의미하는 '엘니뇨(스페인어로 남자아이)'라는 용어를 붙인 것에서 유래했어요. 반대로 라니냐는 '여자아이'라는 의미입니다.

엘리뇨/라니냐 현상이 나타날 때 태평양 열대 지역의 대기와 해양의 모습

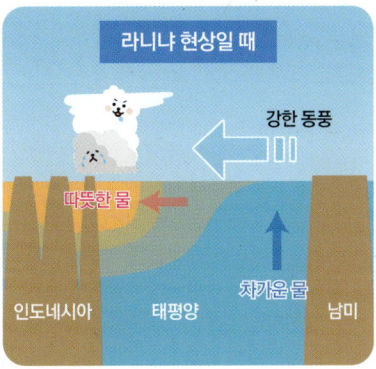

엘니뇨/라니냐 현상이 기후에 미치는 영향

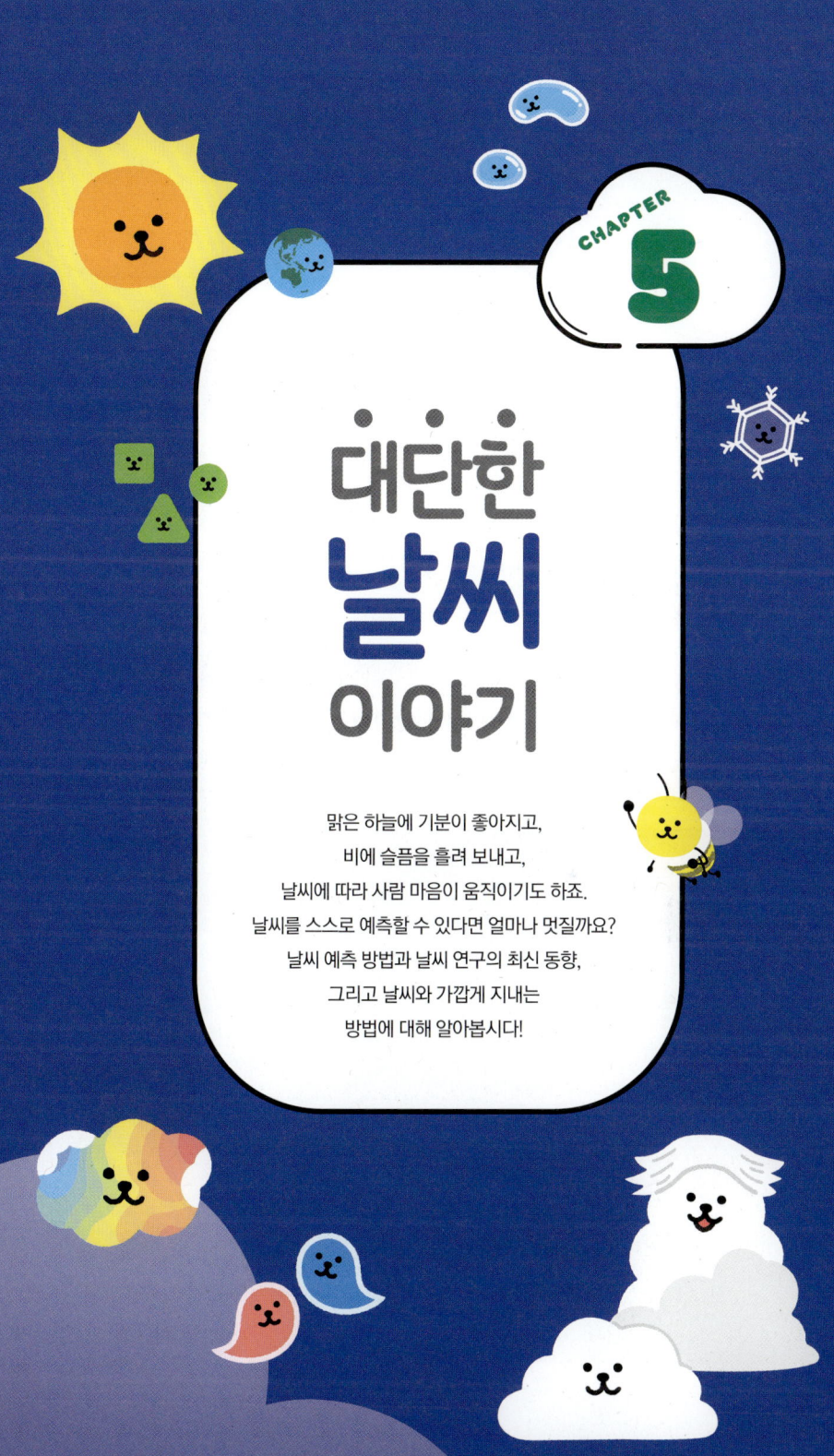

철저히 검증하자!
날씨와 관련한 소문들

　옛부터 전해지는 날씨 예측 방법은 많아요. 자연현상과 생물의 행동에 따라 날씨의 변화를 예상하는 것을 **관천망기**라고 하며, 그중에는 과학적인 근거를 찾기 어려운 것도 있기 때문에 그 근거와 신뢰성(5단계 평가)을 철저하게 평가해봤습니다(p.136~137).

　평가 결과, **구름과 하늘에 관한 관천망기는 신뢰할 만한 내용이 많다**는 것을 알게 됐어요. 이것은 구름의 모습과 상태, 움직임 등이 상공의 대기 상태와 바람의 흐름을 반영하기 때문에 날씨 변화와 연관되기 쉽기 때문입니다. 반면, **생물의 행동에 관한 관천망기는 신뢰할 만한 내용이 없었어요.**

태양과 달 주위에 빛으로 환이 만들어지면 비가 내린다.
정확하게는 빛의 원(햇무리, 헤일로)이 나타나고 구름이 두터워지면, 서쪽에서 날씨가 흐려지면서 비가 내려요(《날씨 도감 1》 p.162).

산에 삿갓구름이 걸려 있으면 곧 비가 와요

일본 후지산에 삿갓구름이 걸리는 모습은 유명한데, 한국 동해에 저기압이 분포할 때 발생하기 쉽기 때문에, 비가 내릴 전조로 여겨져요 (《날씨 도감 1》 p.44).

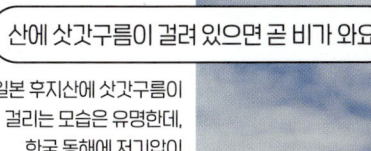

어두운 구름 밑으로 유방구름이 퍼지면 큰비가 와요

적란운이 일으키는 날씨의 급변을 미리 알기 위해 중요한 관천망기 (《날씨 도감 1》 p.164).

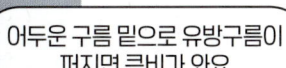

애초에 과학적 근거가 불충분한 것이 많은 데다가 원인과 결과가 뒤바뀌어 있기도 하고 논리적인 비약에 기초하고 있기도 하답니다. 현대에는 일기예보와 같은 기상 정보를 누구나 사용할 수 있어요. 이를 잘 활용하면 하늘을 더 좋아하게 될 거예요.

> **깨알 지식**
> 생활에 밀접한 날씨에 관한 소문 중 '머리카락 빗질이 잘 안되면 비가 온다' '밥알이 밥그릇에서 잘 떨어지면 비 오는 날이다' '숯에 불이 잘 붙으면 맑다' 등의 속설들이 있어요. 이들은 습도의 영향이라고 말할 수도 있지만 실질적으로는 날씨와 직접적인 관련이 없답니다.

관천망기의 근거와 신뢰성

관천망기	의미와 이유	신뢰성
태양과 달 주위로 광륜(무리)이 걸리면 비	저기압과 전선이 서쪽에서 다가올 때 엷은 구름(권적운)이 확대되면 날씨가 흐려진다.	상당히 신뢰할 수 있다.(○) 햇무리가 보인 후 구름이 점점 두꺼워지면, 날씨가 흐려질 가능성이 크다.
산에 삿갓구름을 쓰면 비	공기가 습할 때에 산을 넘는 기류로 구름이 발생한다.	신뢰할 수 있다.(◎) 일본에서 후지산의 삿갓구름은 동해에 저기압이 있을 때 발생하기 쉽고, 과학적 근거가 있다.
렌즈구름은 비의 전조	물고기구름(권적운)과 양떼구름(고적운)이 만든 렌즈구름은 전선이나 저기압이 다가올 때 나타나기 쉽다.	신뢰할 수 있다.(◎) 상공의 바람이 강하고, 공기도 습하기 때문에, 서쪽에서 날씨가 나빠질 가능성이 높다. 등산객이 산에서 날씨의 변화를 알기 위해서 중요한 관천망기이다.
연기가 동쪽으로 흐르면 맑음	서쪽에서 바람이 불고 서쪽에서 고기압이 다가오기 때문에 맑아진다.	평가할 수 없다.(?) 바람이 산과 건물 등의 영향을 받기 어려운 넓은 평야 지역이거나 해안이라면 일어날 수 있는 일이지만 반드시 그렇다고 말할 수 없다.
연기가 서쪽으로 흐르면 비	동쪽에서 바람이 불고 서쪽에서 저기압이 다가오기 때문에 비가 내린다.	
아침노을은 비	아침노을은 동쪽 하늘이 맑기 때문이고, 서쪽부터 날씨가 흐려진다.	그다지 신뢰할 수 없다.(△) '서쪽에서부터 날씨가 흐려진다'는 것에 기초한 것이지만, 이에 해당하지 않는 경우가 매우 많다. 일기예보를 활용하자.
저녁노을은 맑음	저녁노을은 서쪽 하늘이 맑기 때문이고, 다음날은 맑다.	
아침 무지개는 비	무지개가 보이는 하늘에서 비가 내린다면 서쪽부터 날씨가 바뀌면서 비가 내린다.	그다지 신뢰할 수 없다.(△) '서쪽에서부터 날씨가 흐려진다'는 것에 기초한 것이지만 무지개는 적란운이 발달한 여우비가 내리는 날에도 만나기 쉽다. 레이더 정보를 잘 활용하면서 날씨 변화에 주의하자.
저녁 무지개는 맑음	해 질 무렵의 무지개는 서쪽 하늘이 맑다는 표시이고, 날씨는 회복된다.	
아침 안개는 맑음	바람이 약하고 맑은 밤부터 아침 사이 복사냉각에 의해 안개가 발생하기 때문에 그 날은 맑다.	신뢰할 수 있다.(◎) 복사안개는 저기압이나 전선이 통과한 후나 비가 그치고 맑은 밤부터 아침 사이에 발생하기 쉽다.
검은구름이 뒤덮이면 뇌우	맑은 하늘이 갑자기 어두워진다면, 적란운이 다가오기 때문이다.	신뢰할 수 있다.(◎) 적란운은 국지적으로 발생하고 날씨를 급변시키기 때문에 검은구름이 하늘을 뒤덮으면 저락음이 다가오고 있을 가능성이 그다. 뇌명이 들리는 장소에서는 낙뢰의 위험성이 있다. 차가운 바람이 돌풍을 일으킬 수도 있다.
천둥소리가 들리면 뇌우	적란운이 다가오고 있다.	
갑자기 차가운 바람이 불면 뇌우	가까이에 있는 적란운에서 흘러나온 냉기 때문에 갑자기 차가운 바람이 분다.	
두건구름이 봉우리구름으로 변하면 큰비	적란운이 되기 전 봉우리구름(웅대적운)이 상승하고, 습한 공기층을 들어 올려서 두건구름이 발생한다.	상당히 신뢰할 수 있다.(○) 이 구름들이 존재하는 것으로 보아 대기가 불안정하고, 적란운의 발생에 의해 날씨가 급변할 가능성이 있다. 단, 모루구름에서 부는 바람은 폭풍이라기보다는 돌풍. 유방구름은 검은색의 모루구름의 아래쪽에 나타나지만, 그 외 다른 구름에도 나타날 가능성이 있으므로 주의하자. 이들 구름을 발견한다면, 레이더 정보를 활용해 자신이 있는 곳에 적란운이 와 있는지 확인해야 한다.
모루구름이 발생하면 폭풍	모루구름은 적란운이 한계까지 발달하면서 생기기 때문에 폭풍우가 된다.	
검은구름의 아래쪽에 유방구름이 펼쳐지면 큰비	유방구름은 적란운이 진행하는 방향의 모루구름 아래쪽에 생기기 쉽다.	
천둥삼일	여름에 천둥 번개가 발생하면 3일 정도 계속된다. 상공에서 한기의 움직임이 느리기 때문에 뇌우가 발생하기 쉬운 상태가 지속된다.	신뢰할 수 있다.(◎) 여름에는 상공의 편서풍이 북상하고, 한국 부근의 상공은 바람이 약하기 때문에(p. 92), 한기가 유입되면 한동안 이러한 날씨가 계속될 수 있다.
비행운이 보이면 비	비행운이 생기는 높은 하늘이 습한 상태임을 알수 있고, 서쪽부터 날씨가 흐려진다.	상당히 신뢰할 수 있다.(○) 비행운은 상공이 습한지 아닌지를 알아볼 수 있는 잣대가 된다. 단, 비행운이 보인다고 해서 반드시 비가 내리는 것은 아니기 때문에 일기예보를 확인하는 것이 좋다.
비행운이 바로 사라지면 맑음	비행운이 생기는 높은 하늘이 건조하기 때문이다.	
비늘구름은 날씨 변화의 전조	비늘구름(권적운)은 서쪽에서 저기압이나 전선이 다가오고 있을 때 발생하기 쉽다.	상당히 신뢰할 수 있다.(○) 서쪽에서부터 날씨가 흐려지는 패턴이 많긴 하지만, 그렇지 않은 경우도 있으므로 일기예보를 확인하자.

관천망기	의미와 이유	신뢰성
높층구름은 비의 전조	높층구름(고층운)이 넓게 펴지면 서쪽부터 날씨가 흐려지면서 비가 내린다.	상당히 신뢰할 수 있다.(○) 전선이나 저기압이 접근할 때 자주 발생한다. 일기예보를 확인하자.
북쪽으로 향하는 구름은 비	서쪽에서 저기압이 다가올 때는 남풍이 분다.	평가할 수 없다.(?) 그런 상황이 될 때도 있지만, 그 외 다른 기압배치에서도 비슷하게 구름이 변하기 때문에 반드시 이런 날씨 변화가 일어나는 것은 아니다.
남쪽으로 향하는 구름은 맑음	동쪽에 저기압이 이동한 후에는 북풍이 분다.	
별이 깜박이면 바람이 셈	상공에서 바람이 강하면 대기의 흔들림으로 별빛이 굴절되고 별이 깜박이는 것처럼 보인다.	평가할 수 없다.(?) 상공에 바람이 강한 것은 맞지만, 지상에서도 바람이 강해지는가는 별개. 서쪽에서부터 날씨가 흐려질 가능성은 있다.
종소리가 멀리까지 울리면 비	서쪽에서 전선이나 저기압이 다가오면서 상공에 따뜻한 공기가 들어오면, 음파가 아래 방향으로 휘면서 멀리까지 도달하게 된다.	평가할 수 없다.(?) 복사냉각으로 지상 부근의 대기층이 차가워지는 등 다른 상황도 많다.
아침 서리가 내리지 않으면 비	겨울 아침이 따뜻하면 서리가 내리지 않고 저기압이 다가오고 있다.	그다지 신뢰할 수 없다.(△) 기온이 높을 때나 구름이 있으면 서리가 내리기 어렵지만, 맑아도 바람이 강하면 서리가 내리기 어렵다.
아침 서리가 내리면 맑음	맑은 겨울 저녁부터 아침 사이에 복사냉각으로 서리가 내리면 다음 날은 맑다.	신뢰할 수 있다.(◎) 서고동저의 겨울 기압배치일 때, 태평양 쪽에서는 아침에 서리가 내리고 맑은 날이 계속될 확률이 높다.(p.120).
청개구리가 울면 비	습도가 높아지면 개구리가 활발하게 활동하기 때문에 잘 운다.	신뢰할 수 없다.(×) 습도가 높다고 해서 반드시 비가 내리는 것은 아니다. 비가 내리면 습도가 높아지기 때문에 원인과 결과가 반대가 된다.
참새가 이른 아침부터 지저귀면 맑다	새벽에 맑은 날은 참새가 활발하게 날아다니며 잘 운다.	신뢰할 수 없다.(×) 과학적 근거가 불충분하다. 새벽에 맑았어도 날씨가 변하는 일은 많다. 일기예보를 이용하자.
거미가 거미줄을 치면 비가 내리지 않는다	풍우가 강해지기 전에는 거미는 거미줄을 치지 않는다.	신뢰할 수 없다.(×) 과학적 근거가 불충분하다. 기상 정보를 이용하자.
조류가 높게 날면 맑고, 낮게 날면 비	상승기류가 있는 맑은 날에는 기류를 탄 조류는 높이 날고, 습도가 높고 시야가 나쁘면 낮게 난다.	그다지 신뢰할 수 없다.(△) 조류의 특성으로 보면 상승기류가 있을 때 높이 날고 구름이 낮으면 조류도 낮게 날지만, 원인과 결과가 반대이다.
벌이 낮게 날면 뇌우	저기압이 다가오면 습도가 높아지면서 곤충은 날개가 무거워져 낮게 난다.	신뢰할 수 없다.(×) 습도가 높다고 해서 반드시 뇌우가 내리는 것은 아니다. 기상 정보를 이용하자.
제비가 낮게 날면 비	습도가 높아지면 먹이가 되는 곤충도 낮게 날기 때문에 제비도 낮게 난다.	신뢰할 수 없다.(×) 습도가 높다고 해서 반드시 비가 내리는 것은 아니다. 기상 정보를 이용하자.
고양이가 얼굴을 씻으면 비	습도가 높으면 얼굴과 턱에 물방울이 생기기 쉬워, 고양이가 이것을 닦는 것이다.	신뢰할 수 없다.(×) 과학적 근거가 불충분하다. 기상 정보를 이용하자.
개미의 행렬을 보았다면 비	개미가 비를 예측하고 개미집구멍에서 알을 꺼내 안전한 장소로 이동한다.	신뢰할 수 없다.(×) 과학적 근거가 불충분하다. 기상 정보를 이용하자.
지렁이가 지상으로 나오면 큰비	흙 속에 수분량이 많아지면 물에 빠지지 않기 위해 지렁이가 지상으로 나온다.	신뢰할 수 없다.(×) 원인과 결과가 반대이다. 지렁이는 큰비가 내린 후에 지상으로 나오지만, 그 이유에는 여러 설이 있다.
사마귀가 높은 곳에 알을 낳으면 그 해 겨울은 대설	사마귀는 그 해의 적설량을 예측하고 안전한 장소에 알을 낳는다.	신뢰할 수 없다.(×) 과학적 근거가 불충분하다. 과거에 그런 보고가 있었지만, 그 후에 사마귀의 알이 눈에 묻혀도 죽지 않는다는 점이 밝혀졌다.
벌이 낮은 곳에 집을 지으면 태풍이 많은 해	벌은 태풍을 예측하고 바람에 날아가지 않는 낮고 안전한 곳에 벌집을 짓는다.	신뢰할 수 없다.(×) 과학적 근거가 불충분하다. 태풍 정보를 이용하자.

누구나 간단히 읽을 수 있는 일기도

TV의 일기예보에서 보게 되는 **일기도**. 전문적이라고 어려워할 수도 있지만 의외로 간단한 방법을 통해 누구나 읽을 수 있어요.

일반적으로 일기도라고 하면 지상(해발 0m)의 대기를 그린 지상일기도를 지칭해요. 일기도에 그려진 선은 **등압선**이라고 하는데 기압이 같은 곳을 연결한 선이에요. 등압선은 1,000hPa(헥토파스칼, 압력의 단위)을 기준으로 4hPa마다 선을 표시하고 20hPa마다 굵은 선으로 표시해요. 등압선의 간격이 좁으면 기압 차가 크기 때문에 바람이 강하다고 해석합니다(《날씨 도감 1》 p.127). 그리고 '고'는 고기압, '저'는 저기압의 중심 위치를 나타냅니다. 고기압이 표시된 지역은 하강기류가 나타나므로 구름 없이 맑고, 저기압 근처에는 상승기류가 있어 구름이 많고 날씨가 흐려지기 쉬워요. 전선은 따뜻한 기단과 찬 기단의 경계를 표시한 것으로 전선이 있는 지역에서는 상승기류가 있어 날씨가 흐려지기 쉽습니다.

이 정도만 알고 있어도 일기도를 통해 앞으로의 날씨를 대부분 이해할 수 있을 거예요. TV에서 일기도를 본다면 날씨를 읽어 보시기 바랍니다.

> **깨알 지식** 1820년 독일 물리학자 하인리히 브란데스가 과거 관측 자료를 가지고 1783년 3월 6일의 일기도를 만든 것이 세계 최초 근대식 일기도예요. 한국에서는 1905년 11월 1일에 최초의 근대식 일기도가 제작되었답니다.

일기도에서 주목할 포인트 실험하기

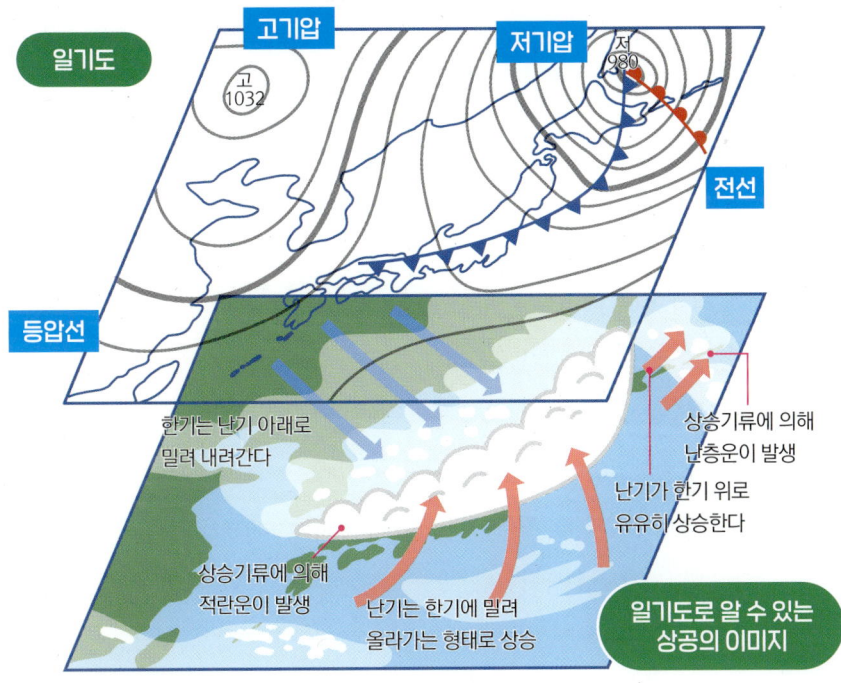

일기도

고기압

저기압

전선

등압선

한기는 난기 아래로 밀려 내려간다

상승기류에 의해 난층운이 발생

난기가 한기 위로 유유히 상승한다

상승기류에 의해 적란운이 발생

난기는 한기에 밀려 올라가는 형태로 상승

일기도로 알 수 있는 상공의 이미지

등압선과 바람 읽는 방법

등압선

바람이 약하다

고기압

저기압

바람이 강하다

코리올리 힘의 영향으로 북반구에서는 공기가 움직이는 방향의 오른쪽으로 돌며 바람이 분다(p. 90).

전선의 종류

온난전선 ━━●━━●━━
한기보다 난기의 세력이 강할 때 생기고, 난기는 한기 위를 올라타면서 나아간다.

한랭전선 ━━▼━━▼━━
난기보다 한기의 세력이 강할 때 생기고, 한기는 난기 아래로 스며들듯 나아간다.

폐쇄전선 ━━▲━●━▲━●━
한랭전선이 온난전선을 쫓아갈 때 생기고, 저기압은 전성기를 맞는다.

정체전선 ━━▼━●━▼━●━
한기와 난기의 세력이 같을 때 생기고, 움직임이 느리다. 장마나 가을비가 내리는 시기에 나타나고 비가 오랫동안 내린다.

날씨를 세밀하게 나누면 100종류! 일기도 읽어보기

우리가 자주 보는 일기도는 한반도 부근을 보기 쉽게 나타낸 그림이에요. 그 외에 지상 관측 데이터를 **국제표준 일기 기호**로 기재한 **분석일기도**도 있습니다. 이제부터 보다 세밀한 날씨 정보를 읽어 볼까요?

날씨 기호 중에 △는 기계의 자동관측점이고, ○는 사람이 날씨와 구름을 관측한 유인관측점입니다. 현재 날씨는 자세히 나누면 **100종류**에 달해요. 기호는 96종류나 있습니다. 또 과거의 날씨나 상층운, 중층운, 하층운의 종류와 운량 등 많은 정보도 포함합니다. 그중 하늘 전체의 운량은 ○의 종류, 바람의 방향과 세기는 화살표로 표시돼요. 일기도 상에는 저기압, 고기압, 전선 등이 표시됩니다. 정보가 많이 표시되어 있기 때문에 일람표(p.142~143)를 보면서 해독해 보세요. 일기도를 읽게 되면 암호를 푼 듯 설렘과 뿌듯함을 느낄 거예요.

깨알 지식 일기도에는 상공의 기상 상태를 그린 고층일기도도 있습니다. 몇 개의 높이로 일기도가 나뉘어 있고 그것을 조합해 하늘을 입체적으로 이해하고 날씨를 예보하게 돼요. 기상청 날씨누리에서 다양한 일기도를 찾아보세요!

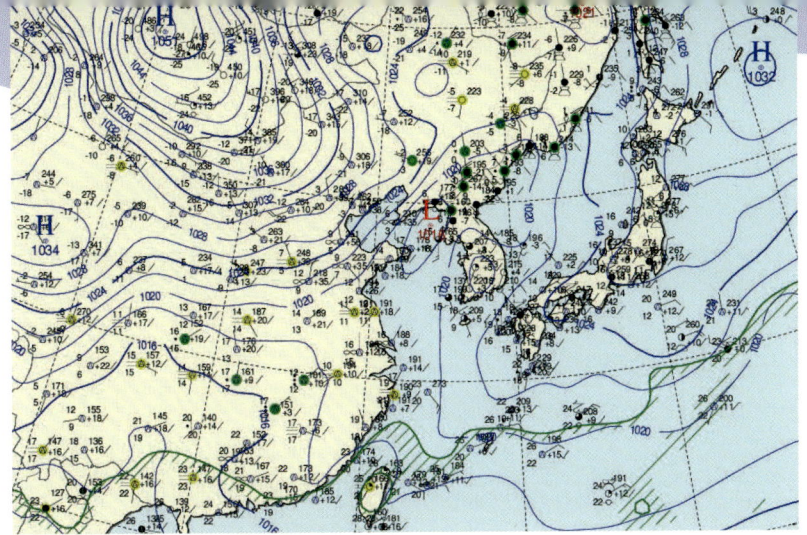

2023년 11월 9일 9시(한국시간) 분석일기도.

국제표준 일기 기호 읽는 법 실험하기

△ 자동관측은 △로 표시

- dd: 풍향
- ff: 풍속
- TT: 기온(℃)
- ww: 현재 날씨
- N: 전운량
- C_L: 하층운 유형
- N_h: $C_L(C_M)$의 운량
- C_H: 상층운 유형
- C_M: 중층운 유형
- pp: 기압 변화량(0.1hPa 단위)
- a: 기압 변화 경향
- W_1: 과거 날씨

```
      /
     /  ff
    /
          C_H
   dd  TT C_M
   ww (N) ±pp a
     C_L N_h W_1
```

운량

○	◐	◐	◐	◐	◐	◐	●	⊗	⊖
0 맑음	1	2,3	4	5 갬	6	7,8	9	10 흐림	날씨 현상에 따라 기후 불확실	날씨 현상 이외의 영향으로 기후 불확실 또는 관측하지 않음

구름의 형태

상층운			중층운			하층운				
⌐	⌒	⌐	ω	∠	⟋	∪	—	---	⌒	△	⩓
권운	권적운	권층운	고적운	고층운	난층운	층적운	층운	층운-단편	적운-단편	적운	웅대적운

141

실시간 일기도 읽는 법

현재 일기 기호

W\ww	0	1	2	3	4	5	6	7	8	9
00					∽	∞	S	⚡	⚡	(S)
10	=	≡	≡≡	<	☺	)•(	(•)	⚡	V	)(
20	,]	•	⁂	⚡	∽	⚡	⁂	⚡	≡	R
30	⚡	⚡	⚡	⚡	⚡	⚡	↑	↑	↑	↔
40	(≡)	≡	≡	≡	≡	≡	≡	≡	⊻	⊻
50	,	,,	;,	;,,	;	,,,	∼	∼	;	;
60	•	••	•⋮•	⁘	⁙	⁙	∼	∼	⁂	⁂
70	⁂	⁂⁂	⁂	⁂⁂	⁂⁂⁂	⁂⁂⁂	↔	△	▽	△
80	▽	▽	▽	▽	▽	▽	▽	▽	▽	▽
90	▽	R•	R:	R△	R⁂	↯	△	⚡	R	R

현재 날씨	현상
00~03	구름의 변화 불확실, 변화 없음(기입하지 않음)
04~09	연기, 연무, 풍진, 진선풍 등
10~12	아지랑이, 지무, 낮은 빙무
13~19	전광, 시계 내 강수, 토네이도 등
20~29	이전 1시간 내에 강수나 뇌전이 있었다
30~39	모래바람, 눈보라
40~49	안개, 빙무
50~59	안개비
60~69	비
70~79	눈, 소나기성이 아닌 고체강수
80~90	소나기, 소나기성 눈, 싸라기, 우박
91~99	비, 눈, 우박을 동반한 뇌전

> 소나기, 소나기성 눈은 웅대적운과 적란운에서 내리는 비와 눈을 말해요.

과거 일기 기호

과거 날씨	현상
기입하지 않음	맑음, 흐림
⚡	모래폭풍, 눈보라
≡	안개
,	안개비
•	비
⁂	눈, 진눈깨비
▽	소나기성 강수
R	뇌전

※ 현재 날씨, 과거 날씨의 보다 상세한 정보는 기상청 날씨누리를 확인하세요.

국제표준 일기 기호 🔍

풍향 36방위, 16방위

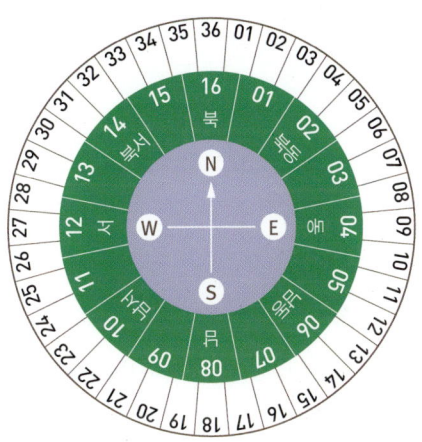

풍향 풍속의 예시

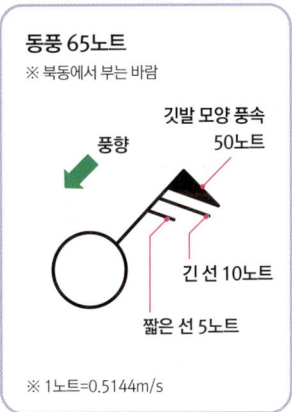

일기도 상의 기호

기호	해설
H	고기압
L	저기압 또는 저압 부분
TD	열대저압부
×	고기압 또는 저기압의 중심위치
기압 (1018 등의 숫자)	커다란 고기압과 저기압의 중심 기압(hPa)
속도 (20KT 등의 숫자)	고기압과 저기압의 속도(노트)
⬅	고기압과 저기압의 이동 방향

기압 변화 경향(전 3시간)

0	∧	상승 후 하강(0+)
1	⌐	상승 후 일정/상승 후 완만 상승(+)
2	/	일정 상승/변동 상승(+)
3	✓	하강 후 상승/일정 후 상승/상승 후 급상승(+)
4	—	일정(0)
5	↘	하강 후 상승(0-)
6	↘	하강 후 일정/하강 후 완만 하강(-)
7	\	일정 하강/변동 하강(-)
8	∨	일정 후 하강/상승 후 하강/하강 후 급하강(-)

※ 0/+/-: 현재 기압은 3시간 전 기압과 같다/보다 높다/보다 낮다.

기상청 기상자료개방포털

지상, 해양, 고층, 항공관측, 위성, 레이더, 수치예보 모델 자료 등 총 30종류의 날씨 데이터를 볼 수 있는 곳으로 고층일기도, 편집일기도 등을 찾아볼 수 있어요.

처음부터 알아보는 일기예보 작성법

매일 듣고 보는 **일기예보**. 그 작성법을 알아보도록 할까요?

먼저 **기상 관측**부터 시작해 봅시다(p.145 ❶). 기구를 띄우는 고층 관측, 우주에서 보는 위성 관측 등 전 세계는 일제히 하늘의 변화를 지켜보고 있습니다. 그 다음 오차가 큰 데이터를 제외하고(**품질관리**), 현실에 가까운 가상의 하늘을 만들어요(❷ **자료동화, 객관적 해석**). 이 데이터를 기반으로 미래의 하늘을 예측하는 **수치 시뮬레이션**을 실행합니다(❸). 이때 사용하는 것이 **수치예보 모델**이에요. 이 모델은 현재 알고 있는 대기의 흐름과 구름, 복사 등의 물리법칙의 설계도(프로그램)를 작성한 것이죠. 지구 전체 하늘에 대한 연산은 방대한 양이기 때문에 슈퍼컴퓨터를 사용해 계산합니다. 이 모델은 완전한 것은 아니어서 예측이 어긋날 수도 있어요. 따라서 계산 결과의 신뢰성과 지역 특성 등을 고려해 기상청의 예보관과 기상예보사가 전문지식과 판단을 더해 일기예보를 작성해요(❹).

일기예보는 많은 사람의 노력이 더해져 만들어져요. 이렇게 노력이 집약된 일기예보가 여러분의 생활에 도움이 된다면 무척 기쁘겠습니다.

1925년 광화문 앞 체신국이 주관해 라디오로 시험 방송을 한 것이 한국 최초의 일기예보라고 해요. 당시에는 '천기예보'라고 불렀고 수 시간 전의 상황을 알리는 것에 불과했다고 합니다. 그때에 비하면 지금은 정말 편리한 시대네요.

날씨 정보를 만드는 법

① 기상 관측

② 현실에 가까운 가상의 하늘을 만든다

③ 수치 시뮬레이션

④ 계산 결과의 해석, 평가 예보와 경보의 작성

수치 시뮬레이션이란

만약 관측자료가 없다면…

관측은 중요!

CHAPTER 5
60

일기예보가 틀리는 원인은 카오스 때문

과학이 발달한 현대에도 일기예보는 빗나갈 수 있는데요. 그 이유 중 하나는 **카오스**입니다.

카오스란 기상 분야에서는 작은 오차가 시간이 흐름과 함께 확대되는 것을 말해요. 대기에는 이러한 특성이 있는데 내일보다는 일주일 뒤 일기예보의 정확성이 낮은 것이 그 예가 됩니다. 이런 특성 때문에 수치예보 모델의 초기 조건의 오차를 줄이기 위해 관측과 출발점을 실제와 가깝게 만드는 **(자료동화)** 기술을 연구 중이에요. 그리고 역으로 오차를 만드는 많은 수치 시뮬레이션 방법을 통해 얼마나 오류가 발생하는가를 관측하는 **앙상블예보** 방식도 있습니다. 현재 국내에서는 이 방식을 태풍 예보 원(《날씨 도감 1》 p.158)과 주간 일기예보 등 기상예보에 활용하기 위한 시스템 개발 연구가 진행되고 있답니다.

그렇지만 적란운이나 토네이도, 선상강수대 등 수치예보 모델로 표현하는 데 한계가 있어 카오스를 적용할 수 없는 현상도 있어요. 각각에 대한 연구가 거듭되며 예측의 정확도를 높여가고 있으니 앞으로를 기대해 주세요!

깨알 지식 1920년 무렵, 영국의 기상학자인 리처드슨은 손으로 일기예보를 계산했는데 6시간 후의 날씨를 예측하는 데 6주가 걸렸어요. 그는 6만 4,000명이 동시에 계산한다면 예측이 가능할 거라고 주장했는데, 이는 '리처드슨의 꿈'으로 알려진 일화랍니다.

일기예보와 관련된 카오스의 이미지

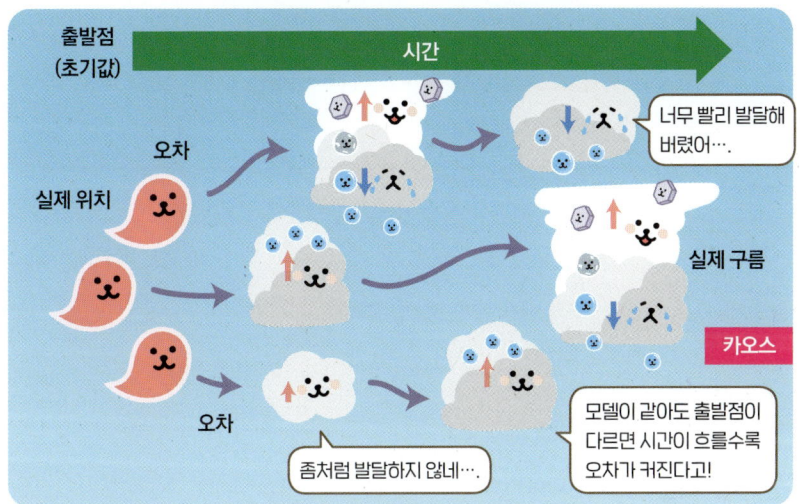

본래 '혼돈'을 의미하는 카오스는 기상 예측에서 오차가 커지는 것을 나타내요.

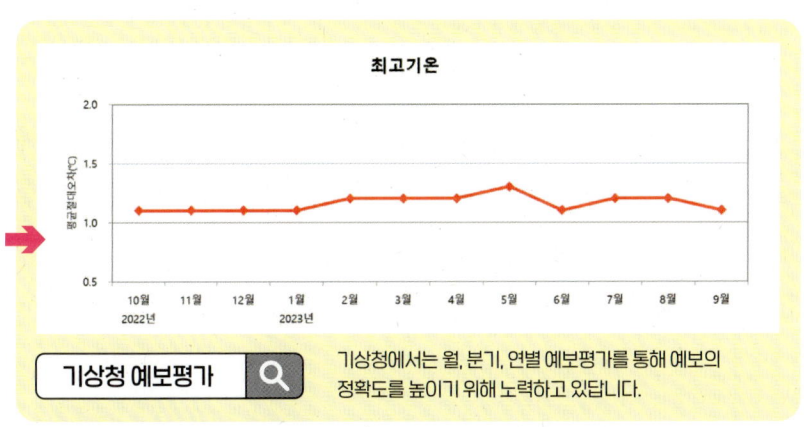

기상청에서는 월, 분기, 연별 예보평가를 통해 예보의 정확도를 높이기 위해 노력하고 있답니다.

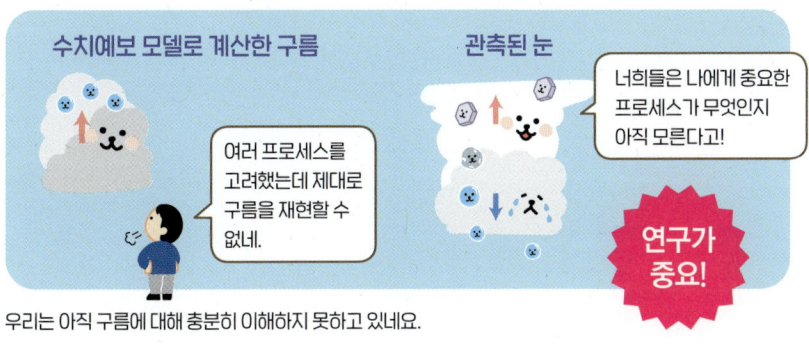

우리는 아직 구름에 대해 충분히 이해하지 못하고 있네요.

곤충 관찰을 통해
급변하는 날씨를 예측할 수 있다?

'곤충을 보면 날씨가 급변하는 것을 알 수 있다'는 말은 관천망기와 같이 느껴지지만 의외로 정확한 예측에 도움이 됩니다.

비나 눈은 **기상 레이더**로 관측해요. 레이더에서 전파(전자파)를 발사하고 되돌아오는 전파(에코)의 강도를 통해 비와 눈의 위치, 세기를 알 수 있어요. 또 구급차가 지나갈 때 소리가 변하는 것처럼 이동하는 물체가 가진 전파의 파장이 달라진다는 **도플러 효과**를 이용해 발사 후 되돌아오는 파장의 차이로 바람의 변화를 측정할 수도 있어요.

비, 눈 입자와 크기가 비슷한 곤충은 레이더에 보일 때가 있어요. 비가 오지 않는데 **비기상 에코(엔젤 에코)**가 나타나는 것은 바람을 타고 전선이 있는 상공에 모여든 곤충이 하나의 원인입니다. 이때 얻어진 바람의 정보를 이용해 날씨의 급격한 변화를 예측하는 연구도 있어요. 곤충의 비기상 에코로 전선의 위치, 움직임을 알 수 있는데 이는 적란운의 원리를 연구하는 데도 도움이 됩니다. 곤충을 통해 국지적인 폭우를 예측하는 미래가 올지도 모르겠네요.

비기상 에코를 만드는 곤충은 기구로 채집해 보면 벌과 부유성 거미가 포함되어 있다는 연구 결과가 있어요. 기상 레이더에는 곤충 이외에도 철새나 화산이 뿜어낸 연기, 대규모의 들불에서 올라온 재가 관측될 수 있어요.

곤충이 비기상 에코를 만드는 과정

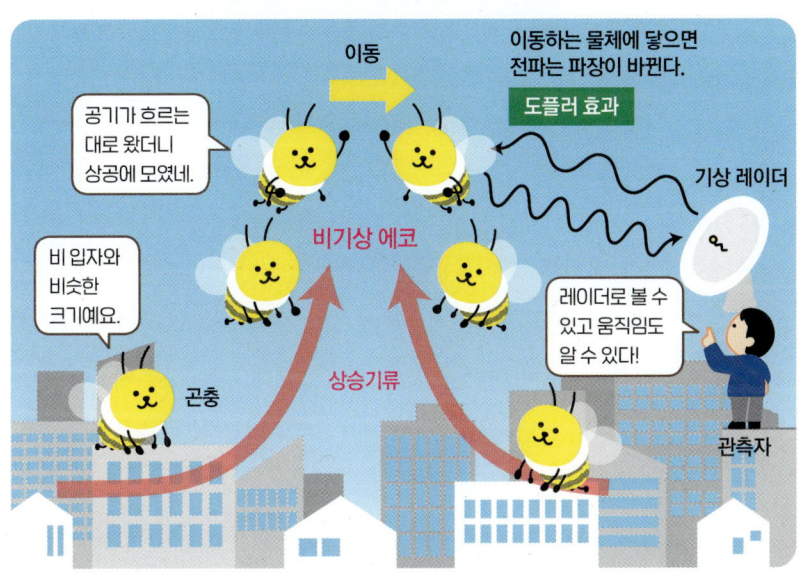

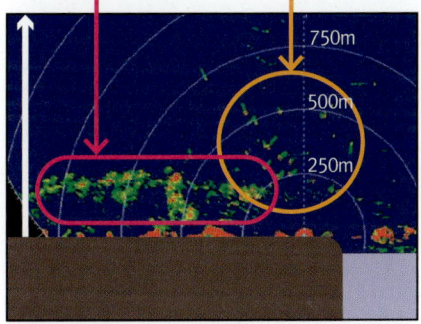

일본의 한 섬에서 관측된 비기상 에코. 곤충이 열대류를 타고 하늘로 상승하는 모습뿐만 아니라, 곤충을 잡아먹기 위해 모여든 새도 보이는 귀중한 관측자료예요. 육상에서 곤충이 보이다가 해상에서는 보이지 않는 이유는 차가운 바다 쪽에서 공기가 하강하기 때문이에요.

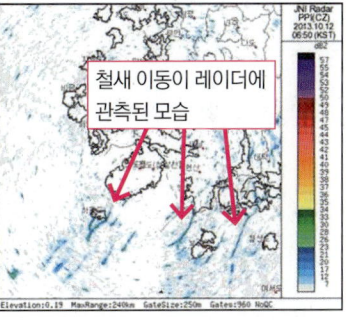

국내에서는 철새의 이동이 기상 레이더에 관측되기도 했어요. 2013년 10월 12일 진도 기상 레이더에서 관측된 남서해안의 철새 에코 영상.
출처: 기상청 레이더기상학 및 실습 이러닝 교안

149

기상 레이더와 기상 위성, 호우를 연구하는 최전선!

수해를 일으키는 적란운과 선상강수대가 발생하는 주요 원인은 **수증기**입니다. 지금까지 상공의 수증기는 기구(라디오존데, radiosonde)로 관측해 왔어요. 그런데 적란운의 수명이 30분~1시간인 것에 비해 관측 방법의 한계로 실제 관측은 12시간에 겨우 1번밖에 되지 않아 보다 많은 빈도로 하늘을 살필 수 있는 기술을 개발하고 있어요.

기상 관측은 주로 천리안 위성과 기상청, 환경부, 국방부에서 운영하는 31대의 기상 레이더를 이용해요. 기상청은 장마 특이기상연구센터를 설립해 장마철 집중호우 발생 매커니즘을 연구하며 예보 정확도를 높이기 위한 감시·진단·예측 시스템 개발을 진행하고 있어요. 고해상도 지상관측자료(AWS)를 이용해 다양한 진단자료를 만들고 여름철 집중호우의 유형과 특성을 분석해요. 또한 인공지능(AI) 기술을 홍수 예보 시스템에 도입하거나, 수자원·수재해를 감시하는 수자원 위성을 개발하는 등 다양한 연구가 이뤄지고 있어요.

기상청은 선상강수대의 예측 정도를 향상하기 위해 다양한 방법으로 힘쓰고 있어요. 재난을 방지하기 위한 기상청의 연구는 계속되고 있답니다.

깨알 지식 기후 변화로 인해 한반도의 태풍과 집중호우 강도가 더 심해질 거라는 전망이 이어지고 있어요. 우리 일상과 밀접한 관련이 있는 만큼 기상청에서 어떤 연구를 하는지 관심을 가지면 좋겠죠?

천리안 위성은 대한민국의 정지궤도 기상 위성이에요. 천리안 위성이 한반도 주변의 구름 사진을 2분 간격으로 촬영해 보내면 예보관이 분석해 날씨를 예보해요.

기상청에서는 11개의 기상 레이더센터를 운영하고 있어요. 어느 지역에 위치하는지 찾아보세요!

| 기상 레이더센터 | 🔍 |

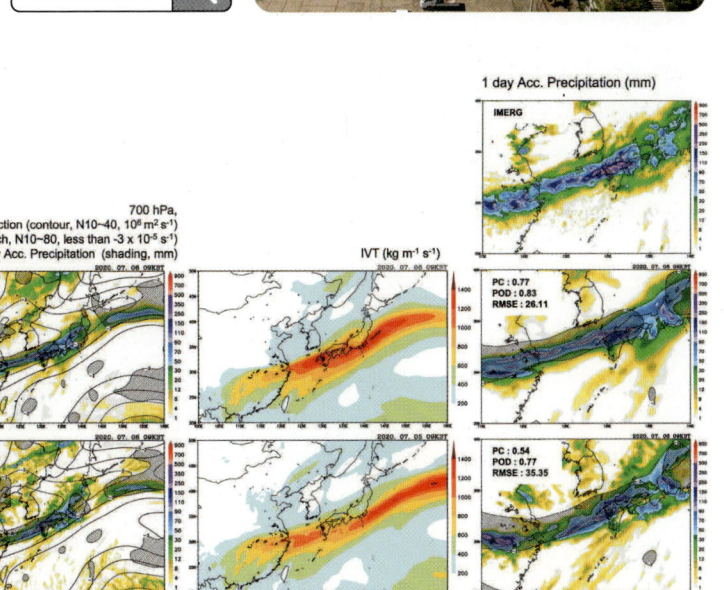

집중호우 유형별 예측성을 진단한 연구 사진. 장마 특이기상연구센터에서 집중호우와 관련한 다양한 연구를 진행해요.

출처: 2022년 특이기상연구센터 대표성과 사례집

CHAPTER 5
63

2100년 한반도의 최고 기온은 40℃?!

현재 우리는 **기후 위기** 시대에 살고 있어요. **지구온난화**라고 하는데 정확히 무슨 뜻인지 이해되지 않을 수도 있을 거예요. 기후 변화는 급격하게 진행되고 있고, 조금이라도 일찍 대책을 세우지 않으면 회복할 때를 놓칠 수 있어요. 우리는 바로 지금, 이와 같은 다급한 현실에 직면해 있답니다.

기상청은 지구온난화의 심각성을 알리기 위해 **기후 변화 시나리오**라는 미래 기후 전망 정보를 제공하고 있어요. 탄소배출 정도를 4가지 기준으로 나눠 미래 기후를 예측하고 이를 '한반도 기후 변화 전망보고서 2020'으로 발표했어요. 이대로 유효한 대책을 실행하지 못한 채 지구온난화가 진행될 경우 2100년 한반도의 여름은 최고 기온 40℃ 이상이 되는 재해급 폭염이 나타날 것으로 예상하고 있어요. 농업에 끼치는 영향 또한 심각해서 작물도 자라지 못하고, 해수면은 최대 83cm 상승하며 이로 인해 매년 거대한 태풍이 한반도로 접근할 것이라는 예측도 있어요.

이와 같은 피해를 최대한 줄이기 위해 산업혁명 이후 세계 평균 온도를 1.5℃ 이상 상승하지 않게 하는 것을 목표로 삼고 있어요. 이를 실현하기 위해서는 2050년까지 세계의 이산화탄소 같은 온실가스 배출량을 0이 되도록 억제해야 하고 사회와 개인이 함께 이 목표를 위해 노력하는 것이 중요해요!

깨알 지식   유엔 보고서에 따르면 현재 수준으로 온실가스가 방출되면 2100년에는 해수면이 3피트(91.4cm) 이상 오를 것으로 예상하고 있어요. 이로 인해 뉴욕, 런던, 상하이, 베네치아, 시드니 등 각국 주요 도시가 물에 잠길 수 있다고 해요.

탄소 절감에 따른 한반도 미래 기후 차이

자료 제공: 기상청

사회 모델	기후 요소	현재	근미래 (2021~2040)	먼미래 (2081~2100)
고탄소 (SSP5-8.5)	연평균 기온	11.2도	+1.8도	+7.0도
	연평균 강수량	1162.2mm	-3%	+14%
	연평균 온난일	36.5도	+24.6일	+93.4일
저탄소 (SSP1-2.6)	연평균 기온	11.2도	+1.6도	+2.6도
	연평균 강수량	1162.2mm	-1%	+3%
	연평균 온난일	36.5도	+24.4일	+37.9일

고탄소(SSP5-8.5) 시나리오: 기후 변화 정책이 부재하고 화석연료를 기반으로 한 경제사회 정책을 유지하는 사회를 기반으로 한 모델

저탄소(SSP1-2.6) 시나리오: 기후 변화에 대한 정책을 잘 수행하고 기술의 발달로 신재생에너지를 사용을 기반으로 한 모델

2100년 미래의 일기예보
'1.5℃ 목표' 달성하지 못한 여름

태풍 정보
태풍10호
중심 기압
870hPa
최대 순간 풍속
90m/s

2100년에는 한국과 일본에 영향을 주는 태풍이 지금보다 2배가량 늘 거라는 예측도 있어요.

개인이 할 수 있는 기후 변화 대책의 예

탄소배출을 줄이기 위해 태양광 패널 등 재생 가능한 에너지로 바꿀 수 있어요. 가정에서는 또 무엇을 할 수 있을까요?

학교에서 할 수 있는 일들을 선생님께 물어볼까요?

그 외에 어떤 대책이 있을지 알아볼까요? 관심을 가지고 기후 변화 대책 이벤트, 세미나에도 적극 참여할 수 있어요.

뇌우가 내릴 때 절대 나무 아래로 피하면 안 된다!

만화나 다양한 작품에서 갑자기 비가 내리면 나무 아래로 들어가 비를 피하는 장면을 종종 볼 수 있어요. 문학적으로는 아름다워 보이는 묘사이지만 사실 이는 매우 위험한 행동이랍니다.

날씨가 급변하는 원인은 **적란운(뇌운)**이에요. 적란운의 가로 방향 너비는 수 km에서 수십 km 정도로 작기 때문에 적란운이 바로 머리 위에 있으면 순식간에 세찬 뇌우가 내릴 수 있어요. 번개는 키가 큰 나무나 전신주에 떨어지기 쉽고, 나무에 번개가 떨어지는 경우 대량의 전기가 지면으로 흐르게 됩니다. 이때 나무의 줄기나 가지 가까이에 사람이나 물체가 있다면 그쪽으로 전기가 튀어 이동하는 **측격뢰**가 발생하게 됩니다. **뇌우가 내릴 때 나무 아래에서 비를 피하는 것은 매우 위험하니** 적어도 4m 이상 나무에서 떨어져 있어야 해요.

날씨가 급변하기 전에 안전한 건물로 피하는 것이 가장 좋아요. 천둥 번개가 칠 때는 자동차 안에 머무는 것이 안전해요. 일기예보에서 '대기가 불안정하다' '천둥' '번개' '토네이도' 같은 단어가 나온다면 주의가 필요합니다. 야외활동을 할 때도 적란운의 관천망기(p.136)나 천둥소리의 유무, 레이더 정보를 살펴 미리 안전을 확보하세요.

깨알지식 극히 드문 일이지만 비행기에 번개가 떨어지는 경우도 있어요. 번개가 발생하지 않은 구름에서도 비행기가 구름 속으로 들어오면서 번개를 유발하는 경우가 있기 때문이에요. 단, 비행기는 번개를 견딜 수 있도록 설계됐기 때문에 낙뢰 때문에 추락할 위험은 없답니다.

뇌우가 내릴 때 나무 아래에서 비를 피하면 안 되는 이유

하천에 놓인 다리 아래도 물에 휩쓸릴 위험이 있어 비를 피하러 들어가면 안 돼요!

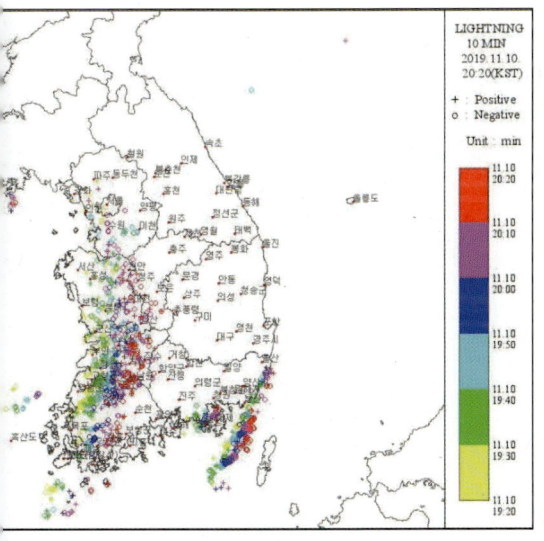

기상청 날씨누리에서는 낙뢰의 위치를 확인할 수 있어요.

만약 집 밖에서 천둥소리를 들었다면…

태풍이 접근할 때 '어디서' '무엇이' 위험할까?

태풍이 근접할 때 어디서 무엇이 위험한지 꼭 알아두세요.

태풍으로부터 먼 곳에 있다고 해도 **높은 파도**와 **큰비**는 주의해야 해요. 파도는 강풍에 의해 높아지는 **풍랑**과 멀리까지 영향을 미치는 **너울**이 있는데 태풍이 접근하기 전부터 너울로 인해 파도가 높아질 수 있어요. 또 정체전선이 자리 잡았을 때는 태풍이 만드는 습한 공기가 북태평양 고기압의 가장자리를 따라 유입되면서 큰비가 내리기도 해요.

태풍의 비구름이 나타난 때는 진행 방향의 오른쪽 전방에서 토네이도가 발생하기 쉽다고 알려져 있어요. 또 태풍의 진로 오른쪽에서 태풍의 중심에 가까운 지역에서는 **폭풍**과 **해일**을 각별히 경계해야 해요. 태풍 진행 방향 오른쪽에서는 태풍 자체의 풍속에 태풍의 이동 속도가 더해지기 때문에 바람이 매우 강해집니다. 이 폭풍에 의해 **해수면**이 상승하고 해일도 발생하게 되죠.

태풍 정보를 볼 때 자신이 있는 장소가 태풍의 진로를 기준으로 어느 위치인지, 얼마나 가까운 곳인지 꼭 확인하고 최신 정보를 통해 안전을 확보하도록 합시다.

깨알지식 예전에는 태풍 진로 오른쪽을 위험반원, 왼쪽을 (항해 가능한) 가항반원이라 불렀어요. 하지만 최근에는 태풍의 왼쪽도 안전하지 않다고 평가돼 현재는 사용하지 않는 개념이에요. 태풍의 크기를 말하는 '극소형' '소형' '중형' '세력이 약하다' '꽤 강하다'와 같은 표현도 오해를 부를 수 있어 폐지했습니다.

태풍의 진로와 발생하기 쉬운 재해

높은 파도
태풍이 멀리 떨어져 있어도 발생해요.

큰비
태풍의 중심에서 떨어져 있어도 발생해요. 특히 정체전선(장마전선, 가을비전선)이 나타날 시기에는 주의가 필요해요.

토네이도
진로의 오른쪽 전방에서 발생하기 쉬워요.

폭풍, 해일
진로 바로 오른쪽 지역에서는 엄중한 경계가 필요해요. 특히 만조와 겹치면 위험한 해일이 될 우려가 있어요.

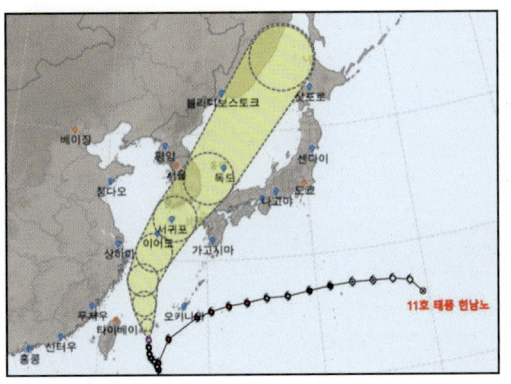

기상청 날씨누리에서 태풍 정보를 확인합시다! 예보 원의 크기는 태풍의 크기가 아닌, 태풍의 중심이 그 시간에 들어갈 확률의 70%를 표시하는 원이에요. 예보 원이 작을수록 신뢰할 수 있는 예보라고 할 수 있어요(《날씨 도감 1》 p.158). 태풍의 진로를 보며 자신이 있는 지역에서 어떤 일이 일어날지 상상하고 신속히 대책을 세워요.

태풍 정보 🔍

여름철
가장 무서운 열사병

무더운 여름에 피곤하고 졸리다고 느껴지면 열사병의 신호일지도 몰라요.

열사병은 몸이 더위에 적응하지 못할 때 나타나는 질환이에요. 우리 몸은 체온이 올라가면 땀을 흘려서 체온을 조절하는데 이러한 기능이 원활히 작동하지 않을 때 열사병이 발병해요. 어지러움과 근육통, 두통, 메스꺼움 같은 증상이 나타나고, 심한 경우 의식을 잃을 수 있고, 목숨을 잃기도 해요. 실제로 무더위가 극심한 해에는 100명 이상이 열사병 때문에 사망합니다.

"더위를 타는 건 인내심이 부족하기 때문이다"라고 말하는 사람도 있지만 아무리 건강한 사람이라 해도 더위를 참을 수는 없어요. 여러분은 절대로 억지로 더위를 참지 않도록 해요. 몸의 이상을 느끼면 바로 주위 어른에게 말하고 시원한 장소에서 수분을 보충하며 휴식을 취해야 해요. 가까이 있는 사람에게서 열사병 증상이 나타날 때를 대비해 응급처치 플로우차트를 만들었습니다. 주위 어른에게 도움을 청하면서 적절한 처치를 실행해 보세요.

여름 하늘은 보기만 해도 즐겁지만 위험한 더위가 되기도 합니다. 더위에 관한 정보(p.115)를 활용해 안전하게 여름을 보냅시다.

깨알 지식 열사병에 의한 사망자의 약 80%가 고령자입니다. 더위와 갈증에 둔감해 열사병에 걸리기 쉽기 때문이에요. 따라서 더운 날에는 자주 수분을 보충하는 것이 중요해요. 항상 방의 온도를 알맞게 조절하는 등 주의를 기울입시다.

열사병 응급처치 플로우차트

1 열사병이 의심되는 증상이 있나요?
두통, 어지럼증, 근육통, 멀미, 나른함, 손발 저림, 근육경련, 대량의 발한, 고체온, 경련, 횡설수설 등

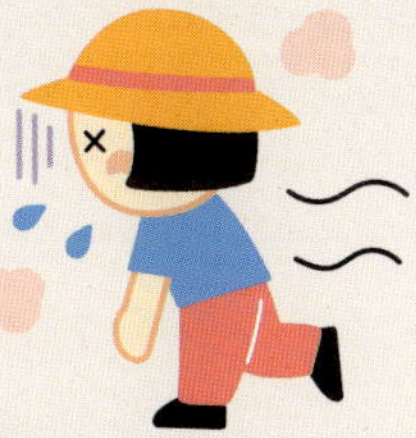

네 → 주변 어른에게 도움을 청한다.

2 부르는 소리에 대답할 수 있나요?

아니요 → 구급차를 부른다.

구급차가 도착할 때까지 응급처치를 합니다. 부르는 소리에 반응하지 못 하는 경우 무리하게 물을 마시게 해서는 안 돼요!

→ 시원한 장소로 옮기고 옷을 느슨하게 풀어 주고 몸을 식힌다.

얼음주머니가 있다면 목, 겨드랑이 밑, 허벅지 안쪽에 넣어 집중적으로 열을 식혀 줘요.

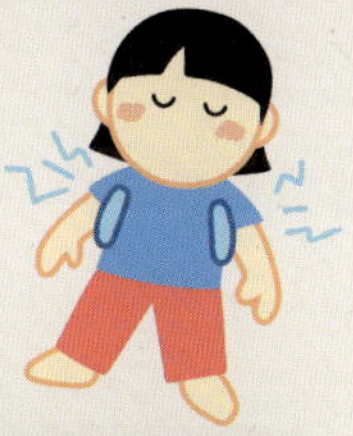

→ 의료기관에 방문한다.

네 → 시원한 장소로 옮기고 옷을 느슨하게 풀어주고 몸을 식힌다.

3 스스로 물을 마실 수 있나요?

아니요 → 의료기관에 방문한다.

네 → 수분, 염분을 보충한다.

땀을 많이 흘린 경우 염분이 든 스포츠음료나 이온음료, 식염수를 마시는 것이 좋아요.

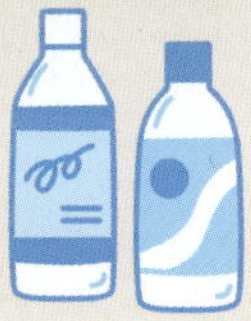

4 증상이 나아졌나요?

아니요 → 의료기관에 방문한다.

네 → 그대로 안정을 취하고 충분한 휴식을 갖고, 회복한 후에 귀가한다.

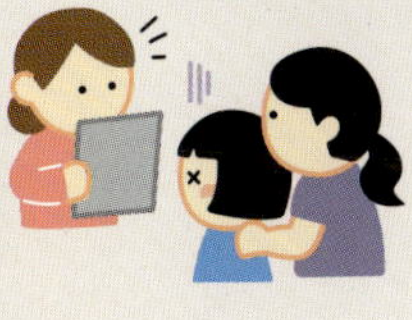

본인이 쓰러졌을 때의 상황을 알고 있는 사람과 동행하고, 상황을 설명하도록 도움을 받으세요.

※ 일본 환경청 '열사병 환경보건 매뉴얼 2022'에 일부 내용 추가

CHAPTER 5
67

재해에 대해 알아보고 미리 대비하자

　큰비나 강풍, 대설 등으로 인한 **재해**를 경험해 본 적이 없다면 자신과는 무관한 일이라고 생각하기 마련이죠. 그러나 최근 게릴라성 호우와 태풍 증가로 인해 예측하지 못한 피해가 발생하는 일이 늘고 있어요. 이에 대해 지자체별 통제 매뉴얼을 강화하고, 위기 상황에 직면할 때 대피할 수 있는 시설 구축 등이 필요하다는 지적이 이어지고 있답니다. 전 세계적으로는 기후 변화로 인해 자연재해가 50년 전보다 5배 증가했다고 해요. 이제 자연재해는 우리 일상에서 그리 먼 이야기가 아닐지도 몰라요.

　여러분께 부탁이 있어요. 기상 재해로 인해 피난할 경우에 대해 가족과 미리 상의해 보시길 바랍니다. 집에 비축된 안전물품은 충분한지, 나와 가족의 건강상태는 어떤지, 어떤 때에 어떻게 피난해야 하는지, 자신에게 맞는 피난 방법을 생각해 보세요. 국민재난안전포털에서 자연재난뿐만 아니라 다양한 재난을 대비할 방법을 알려 주고 있어요.

　재난 준비를 유난스럽다고 생각할 수도 있지만, "미리 준비한 덕에 아무 일도 일어나지 않아 다행이었다"라고 말할 수 있다면 재난 때문에 슬픈 경험을 하는 사람이 줄어들 거예요. 여러분이 날씨와 사이좋게 지내기를 진심으로 바랍니다!

깨알 지식 호우경보는 강수 강도를 기준으로 발표하고, 홍수의 가능성은 고려하지 않아요. 홍수가 예상되는 경우 홍수주의보나 홍수경보를 발표하니 비가 많이 내리는 날에는 꼭 함께 찾아보세요!

자연재해로 인한 피해 통계(2005~2014년)

출처: 국토교통부 국토지리정보원 《어린이를 위한 대한민국 국가지도집》, 국가안전처(2014) 자료 제공

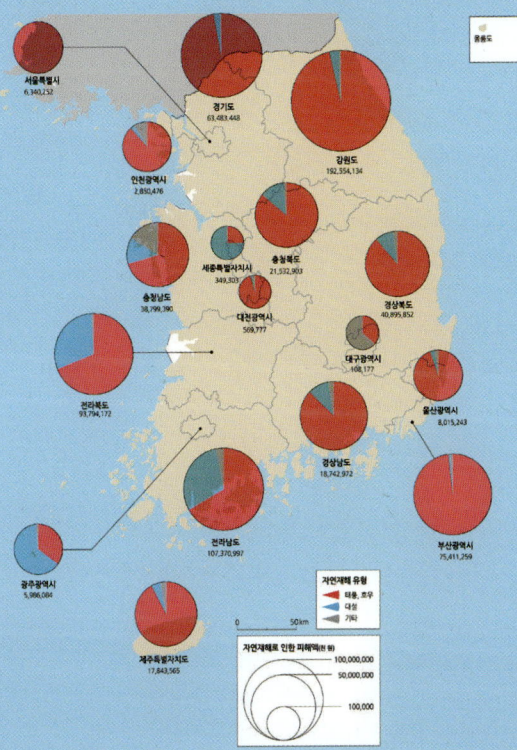

체크

방재가방

가정에 비축

'나와 상관없다'고 여기지 말고 언젠가 재해가 발생했을 때를 위해 대책을 확인해 두세요.

국민재난안전포털에서 다양한 재난 상황을 대비한 국민행동요령과 대피소를 확인할 수 있어요!

국민재난안전포털 🔍

가족, 친구와 날씨와 재해, 피난에 대해 이야기를 나눠 보세요. 이것이 날씨와 사이좋게 지내는 방법이에요!

161

맺는말

여러분은 좋아하는 것을 좋아한다고 말하고 있나요? 처음에는 조금 부끄러울 수 있지만 좋아하는 감정을 표현하고 소리 내어 말하면 그 기분은 점점 강해지거든요. '즐겁다' '재미있다'라는 기분이 전해지면 주변 사람들도 흥미를 갖고, 함께 즐기는 친구도 늘어날 거예요.

저는 어렸을 때 구름과 날씨에 흥미가 없었어요. 그런데 지금, 이렇게 하늘을 즐길 수 있는 사람이 된 건 구름을 함께 즐길 수 있는 친구들 덕분이에요. 이 책을 읽고 '구름과 하늘은 정말 재미있구나'라고 생각하는 여러분은 이미 저의 구름 친구입니다.

평소 하늘 올려다보기를 즐기다 보면 날씨가 변하는 모습을 알아채기도 쉬워지고, 자신을 지키는 일로 이어지기도 해요. 여러분이 날씨의 즐거움을 다른 사람에게도 전한다면 누군가의 생명을 구하는 일이 될지도 몰라요. 구름 친구를 더 많이 만들어 함께 하늘과 구름을 더 많이 즐겨 봐요!

아라키 켄타로

찾아보기

※ [ ]안은 《날씨 도감 1》에 자세한 설명이 있는 페이지입니다.
※ 찾아보기에 표시된 쪽 번호는 중요한 곳만 선별하여 넣었습니다.

ㄱ

가시광	36, 60 [26]
개기 월식	70
객관적 해석	144
게릴라성 호우	22 [112]
결로	28, 54
결정 서리	124
계절풍	120
고기압	88, 112 [127]
고적운	14, 16, 46, 54 [16]
곤충	149
공전	56, 108
공풍	121
과냉각	42, 124 [46]
관천망기	134, 136 [162]
광환	44, 46, 54 [76]
구름 입자	12, 76 [14]
국제표준 일기 기호	140
국지풍	118
굴절	48, 60 [60]
권운	14, 110 [16]
권적운	14, 16, 42, 44 [16]
그린플래시	60
극야	56
근상운	121
기상 관측	40, 74, 144
기상 레이더	148, 150
기압	30, 88, 138 [147]
기온	84, 108, 118, 128
기후 위기	152
꼬리구름	23 [46]

ㄴ

남고북저	114
남중고도	108
너울	156
농무	62
뇌명	96
뇌운	13, 154 [120]
뇌전	96, 142
눈 결정	80 [104]
눈 냄새	122

ㄷ

다운버스트	64 [125]
다이아몬드 더스트	128
단열승온	31, 114
달기둥	58
달토끼	66
대류권	17, 101, 105, 110 [38]
대류권계면	121 [38]

163

대일점	44, 47, 48, 49 [61]
도플러 효과	148
두건구름	35, 136 [164]
드라이 푄	118
등압선	138

ㄹ

라니냐 현상	130
레일리산란	60, 70, 72 [80, 82]
렌즈구름	27 [44]

ㅁ

멀티셀	24 [112]
모래먼지폭풍	64
모래폭풍	64
모루구름	21, 25, 39, 115, 136 [38]
무빙	124
무역풍	130
무지개	44, 48, 50, 52 [60]
물고기구름	15, 16, 42, 44 [19]
뭉게구름	15, 18 [19]
미(mie)산란	12, 36, 72 [26]

ㅂ

반사무지개	50
방범창태양기둥	59
백야	56
번개	96, 100, 154
별의 속삭임	128
병적운	20
복사냉각	62
봄안개	63
봉우리구름	14, 21 [34]
부무지개	46, 48, 50 [60]
분열	78
북태평양 고기압	110, 112, 114
브로켄현상	44, 46 [78]
블루모멘트	56 [88]
블루스타터	100
블루제트	100
블루플래시	61
비기상 에코	148
비 기둥	22, 35
비 입자	38, 48, 76, 78, 127 [102]
빙설 플랑크톤	83
빙정(얼음 결정)	58, 80
빛기둥	58

ㅅ

산란	36, 84, 104
삼차신경	122
상변화(상전이)	34 [46]
상승기류	18, 88, 149 [14]
상층대기 번개	100
서고동저	120, 130
서리 결정 분류	124, 126
서리의 결정	124, 126
서멀	18, 149
선상강수대	112, 150 [114]
성에	124, 128
성층권	70, 100, 104 [38]
세빙	58, 128
셀 상대류	18 [30]
수증기	28, 34, 150 [28]
수치 시뮬레이션	144
수치예보 모델	144, 146
수해	102, 150
슈퍼셀	26 [124]
스프라이트	100
스프라이트무리	100
승화성장	80
시베리아 고기압	120
싸라기	23 [116]
쌍둥이 무지개	52
쌍무지개	48

ㅇ

안개	62 [55]
안개구름	36 [19]
안개비	62, 142
안경광환	54
알렉산더의 어두운 띠	48
앙상블예보	146
양떼구름	14, 16 [19]
어화광주	58
에어로졸	29, 39, 104 [28]
엘니뇨 현상	130
엘브스	100
여우비	48, 50 [66]
연무	62, 142
염해	116
열대류	18, 149 [30]
열사병	114, 158
오호츠크해 고기압	92, 112
온실가스	84, 152 [138]
온실효과	84
우산효과	104
원격상관	130
웨트 쮠	118
응결	76
이동성 고기압	110
이류 안개	32 [55 이류무]
이산화탄소	33, 84, 152

165

이상 기후	84, 102
일기도	138, 140, 142
일기예보	144, 146

ㅈ

자료동화	144, 146
자이언트제트	100
자전	56, 90
자전축	56, 108
잠열	35, 116, 118
장마	112, 150
장마전선	93, 112
저기압	88, 90, 120 [127]
적란운	22, 24, 38, 121, 154 [16]
적운	14, 18, 20, 31 [16]
전선	112, 138, 148 [42]
제트기류	92
주말효과	38
주무지개	46, 48, 50, 52 [60]
지구	68, 70, 84, 86, 90, 108
지구복사	84, 108
지구온난화	84, 152 [138]
진주모운	72

ㅊ

채설	83
채운	42, 44, 46 [74]
체감온도	115
충돌·병합	76
측격뢰	154 [122]
층운	33, 62 [16]
층적운	14, 17 [16]

ㅋ

카오스	146
코리올리 힘	90, 117, 139
크레이터	66, 68
큰비	102, 156

ㅌ

태양	56, 60, 84, 108
태양기둥	47, 58
태양 복사	84, 108
태풍	116, 118, 156 [130]
터쿼이즈 프린지	70

털구름	14 [19]		햇무리(헤일로)	13, 44, 72 [68]
토네이도	94, 154 [124]		화분광환	54 [76]
티베트 고기압	114		화산분화	104
			화성	72
			환수평호	44, 46 [70]
			환일	44, 46 [72]
			환천정호	44, 46 [70]

ㅍ

편서풍	92, 110 [128]
편평적운	20
포화	28, 32, 76, 118
폭풍	116, 156
푄 현상	118
표면장력	78 [102]
풍랑	156

황사	65, 110 [136]
회전구름	27 [44]
회절	42, 54
후지타 등급	94
흐린구름	14, 17 [19]
흰무지개	13 [66]

ㅎ

하강기류	18, 88, 117 [30]
하부브	64
해일	156

퀴즈 정답

p.5　수증기 75개(분홍색 50개, 하늘색 25개), 온실가스 11개
p.45　22° 햇무리, 22° 환일, 환일환, 태양기둥, 상부 탄젠트호, 상부 레터럴호, 하부 레터럴호, 환천정호, 페리호

옮긴이 오나영

일본에서 실내건축설계를 전공하고 건축 회사에서 인테리어 디자이너로 일했다. 2009년 귀국 후 건설 회사를 거쳐, 광고 회사 및 IT 회사 임원들의 일본어 교육과 시놉시스 번역이나 기업체 기획 행사 통번역자로 활동했다. 이후 핸드크래프트 생활용품숍 '까사라이크'를 운영하면서 우연히 접하게 된 자작나무 껍질 공예에 매료되어 본격적으로 배우기 시작했다. 2017년, 우리나라 최초로 자작나무 껍질 공예 공방 카나비요르크를 열었고, 현재 자작나무 껍질 공예와 더불어 북유럽의 핸드크래프트 동향을 소개하는 일에도 주력하며, 한국 자작나무 껍질 공예 협회를 이끌고 있다. 지은 책으로 《네베르스로이드》가 있고, 옮긴 책으로 《신비롭고 재미있는 날씨 도감》《힙하지 않고 인싸도 아니지만》《100세 눈 건강법》《나에게 와줘서, 정말 고마워》《10초 아침 청소 습관》《내일도 따뜻한 햇살에서》 등이 있다.

초록색 태양이 있다고? 눈에도 냄새가 있을까?
더욱! 신비롭고 재미있는 날씨 도감

초판 1쇄 인쇄 2024년 1월 10일
초판 1쇄 발행 2024년 1월 15일

지은이 아라키 켄타로
옮긴이 오나영
감수 허창회

대표 장선희 **총괄** 이영철
책임편집 오향림 **기획편집** 현미나, 한이슬, 정시아
디자인 김효숙, 최아영 **외주디자인** ALL designgroup
마케팅 최의범, 임지윤, 김현진, 이동희
경영관리 전선애

펴낸곳 서사원 **출판등록** 제2023-000199호
주소 서울시 마포구 성암로 330 DMC첨단산업센터 713호
전화 02-898-8778 **팩스** 02-6008-1373
이메일 cr@seosawon.com
네이버 포스트 post.naver.com/seosawon
페이스북 www.facebook.com/seosawon
인스타그램 www.instagram.com/seosawon

ⓒ 아라키 켄타로, 2023

ISBN 979-11-6822-236-6 73400

- 이 책은 저작권법에 따라 보호를 받는 저작물이므로 무단 전재와 무단 복제를 금지합니다.
- 이 책 내용의 전부 또는 일부를 이용하려면 반드시 저작권자와 서사원 주식회사의 서면 동의를 받아야 합니다.
- 잘못된 책은 구입하신 서점에서 바꿔 드립니다.
- 책값은 뒤표지에 있습니다.

서사원은 독자 여러분의 책에 관한 아이디어와 원고 투고를 설레는 마음으로 기다리고 있습니다. 책으로 엮기를 원하는 아이디어가 있는 분은 이메일 cr@seosawon.com으로 간단한 개요와 취지, 연락처 등을 보내주세요. 고민을 멈추고 실행해보세요. 꿈이 이루어집니다.